Ullstein Sachbuch

ÜBER DAS BUCH

Wissen Sie genau, daß die Umwandlung einer 2. (3., 4.) Dame erlaubt ist, wenn sich die erste Dame aus der Grundstellung noch auf dem Brett befindet? Oder gibt es eine Spielregel, nach der man im ersten Zug mit zwei Bauern gleichzeitig ziehen darf? Wie oft in der spielerischen Praxis wollen solche Fragen schnell und sachlich beantwortet sein ...

Der Autor des vorliegenden Bandes ist achtfacher württembergischer Schachmeister und erwarb 1951 den deutschen Meistertitel. Der ausgewiesene Schachexperte redigiert die Schachrubrik der STUTTGARTER ZEITUNG und moderiert Schachsendungen für den SDR und SWF. Hier legt er nun die aktualisierte Ausgabe seines bewährten Schachlexikons vor, in der alle Schachregeln und Schachbegriffe vorgestellt werden. Ein Exkurs in die Geschichte des königlichen Spiels und die Welt des Computerschachs runden den Band ab.

Theo Schuster

Schachlexikon

Ullstein Sachbuch

Ullstein Sachbuch
Ullstein Buch Nr. 34883
im Verlag Ullstein GmbH,
Frankfurt/M – Berlin

Aktualisierte Ausgabe

Umschlagentwurf:
Hansbernd Lindemann
Unter Verwendung eines Fotos von
Mechthild Wilhelmi, Berlin

Printed in Germany 1992
Druck und Verarbeitung:
Ebner Ulm

ISBN 3 548 34883 1

Mai 1992

Die Deutsche Bibliothek –
CIP-Einheitsaufnahme

Schuster, Theo:
Schachlexikon: [Partien, Probleme,
Schachgeschichte von A–Z] / Theo
Schuster. – Aktualisierte Ausg. –
Frankfurt/M; Berlin: Ullstein, 1992
(Ullstein-Buch; Nr. 34883:
Ullstein-Sachbuch)
ISBN 3-548-34883-1
NE: HST; GT

Inhalt

Vorwort

Die Anregung für ein »Kleines Schachlexikon« kam aus dem Leserkreis des Autors. Viele Jahre lang erschienen einzelne Artikel unter diesem Titel in diversen Schachecken, die vom Schachpublikum mit großem Interesse aufgenommen wurden. Und als eines Tages eine Buchhandlung anfragte, in welchem Verlag das Buch erschienen sei, gab mir das den letzten Anstoß, ein Schachlexikon zu schreiben.

In diesem Band können Spieler und Liebhaber des Schachs Schachbegriffe von A bis Z nachschlagen. Von Abgabezug bis Zeitüberschreitung sind schachtechnische aber auch schachgeschichtliche Begriffe und Details aufgeführt. Wissen Sie auf Anhieb, wie blinde Schachspieler ihre Züge ausführen und auf welchen Brettern, oder wie eine Blindsimultanvorstellung abläuft? Ausdrücke wie »Schach-Schäch«, »Hängepartie«, »Fernopposition«, »Buchholzwertung«, »Endspielstudie«, »Großmeister«, »Interzonenturniere«, »Polerios Eckenspiel«, »Sekundant«, »Schachautomat«, »Schweizer System«, »Umwandlung«, »Vorgabe« – um nur einige Beispiele anzuführen – werden zum Teil mit Partien, Diagrammen und Bildtafeln illustriert.

Aktuelle Fragen werden ausführlich beantwortet, z. B. *Wie viele Damen sind erlaubt? Gibt es einen Strafzug mit dem König? Darf mit zwei Bauern im 1. Zug gezogen werden?*

Das Schlagen en passant (im Vorbeigehen) wird mit Hilfe von Diagrammen und Partiebeispielen genau erklärt. Das »Problemlexikon« vermittelt Wissenswertes über Schachaufgaben anhand von neun Problemen (Wie löse ich eine Schachaufgabe?). Es gibt nicht nur die Unsterbliche Partie, sondern auch das Unsterbliche Problem. Zur Legende vom Weizenkorn sowie zu den Schachweltmeisterschaften von Morphy bis Karpow sind Zahlen und Daten angegeben. Eine Anleitung, wie man ein Schachturnier (Auslosung, Paarungstabellen) aufzieht, fehlt ebensowenig wie die offiziellen Spielregeln des Weltschachbundes, die vollständig wiedergegeben sind. Die heute so notwendigen Regeln für Blitzturniere sind aufgeführt, und auch das Schach der Ströbecker wird erläutert. Ein kleiner Ausflug in die Geschichte des Schachs rundet das Lexikon ab.

Theo Schuster

Erklärung der Zeichen und der Notation

Die 32 Steine und ihre Symbole

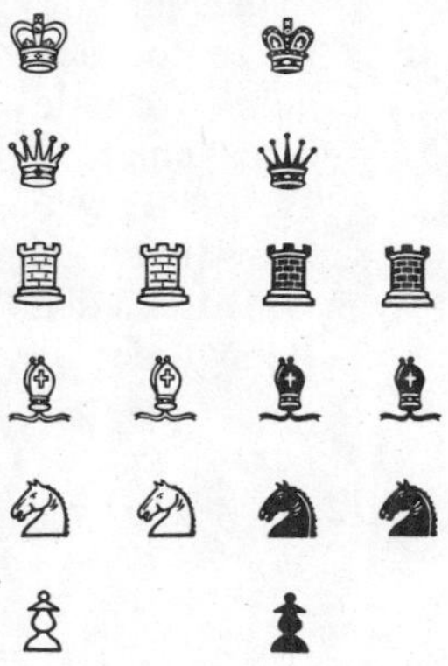

	Weiß	*Schwarz*	In Notation
Je 1			K = König
Je 1			D = Dame
Je 2			T = Turm
Je 2			L = Läufer
Je 2			S = Springer
Je 8			Ohne Zeichen *(Nur bei Stellungsangabe wird B geschrieben)*

Das Schachbrett und die Bezeichnung der 64 Felder

Die Notation (das Aufschreiben der Züge) dient dazu, den gespielten Zug festzuhalten, um ihn nachspielen zu können. Es gibt die ausgeschriebene *(vollständige)* und die abgekürzte *(Kurznotation)* Notation.
Ein Beispiel der ausgeschriebenen Notation aus der Anfangsstellung: 1.e2 – e4 e7 – e5 2.Sgl – f3 Sb8 – c6 3.d2 – d4 e5xd4

	a	b	c	d	e	f	g	h
8	a8	b8	c8	d8	e8	f8	g8	h8
7	a7	b7	c7	d7	e7	f7	g7	h7
6	a6	b6	c6	d6	e6	f6	g6	h6
5	a5	b5	c5	d5	e5	f5	g5	h5
4	a4	b4	c4	d4	e4	f4	g4	h4
3	a3	b3	c3	d3	e3	f3	g3	h3
2	a2	b2	c2	d2	e2	f2	g2	h2
1	a1	b1	c1	d1	e1	f1	g1	h1

Dieselben Züge in Kurznotation:
1.e4 e5 2. Sf3 Sc6 3. d4 ed4:
Die erste Hälfte der Notation sagt uns den weißen Zug, dahinter folgt der schwarze Gegenzug. Die Punkte hinter der Zugziffer bedeuten, daß der vorausgehende weiße Zug bereits bekannt ist, Beispiel auf Seite 15 im Abschnitt „En passant" in Zeile b) Schwarz zieht 1 . . . f7 – f5. Die drei Punkte stehen für den vorhergehenden, in diesem Falle aber unbekannten Zug. Sechs Zeilen weiter heißt es 1 . . . d4xc3 i. V., und wiederum ist es ein schwarzer Zug, denn die Punkte stehen für den vorausgehenden weißen Zug unter a) 1.c2 – c4. In einigen Schachbüchern wird auch der fehlende schwarze Zug mit Punkten markiert; z. B.: 26.Ld3 – e4 . . . , es ist aber nicht mehr üblich.

Die in diesem Band vorkommenden Schachzeichen sind:

—	zieht nach
x	schlägt
:	schlägt (Kurznotation)
+	Schach
‡	Matt
!	guter Zug
?	schlechter Zug
0—0	kurze Rochade
0—0—0	lange Rochade
i. V.	Schlagen im Vorbeigehen
1 : 0	Weiß hat gewonnen
0 : 1	Schwarz hat gewonnen
½ : ½	Unentschieden (Remis)
=	Remis (oder Gleichstand)

Wie viele Damen sind erlaubt?

Gibt es einen Strafzug mit dem König? Sind zwei Bauernzüge im 1. Zug erlaubt? Wann darf rochiert werden, wann nicht? Das »verzwickte« Schlagen im Vorbeigehen (en passant).
Muß Schach oder Matt angesagt werden, und sind solche Ansagen verbindlich?

Diese Fragen lösen im Schachpublikum oft heftige Meinungsunterschiede zu den Schachregeln aus.
In der Einleitung des »Schachlexikons« werden diese Fragen diskutiert. Im Lexikon selbst, das die meisten gebräuchlichen Begriffe von A – Z ausführlich erläutert, kann der Leser dazu nochmals kurzgefaßte Antworten finden. Für alle Regeln gelten aber die »Spielregeln des Weltschachbundes«, die in einem gesonderten Kapitel wiedergegeben sind.
Beginnen wir mit der Klärung der Frage, die beim Laienpublikum schon viel Verwirrung gestiftet hat:

Sind in der Eröffnung zwei Bauernzüge gleichzeitig erlaubt?
Stock und Stein schwören Schachfreunde, die das Schachspiel gerade erst in der Familie gelernt haben, im 1. Zug dürfe man 1.e2—e3 und d2—d3 ziehen oder auch 1.a2—a3 und h2—h3, Schwarz dürfe nach freier Wahl ebenso antworten.

Kein Doppelzugschach

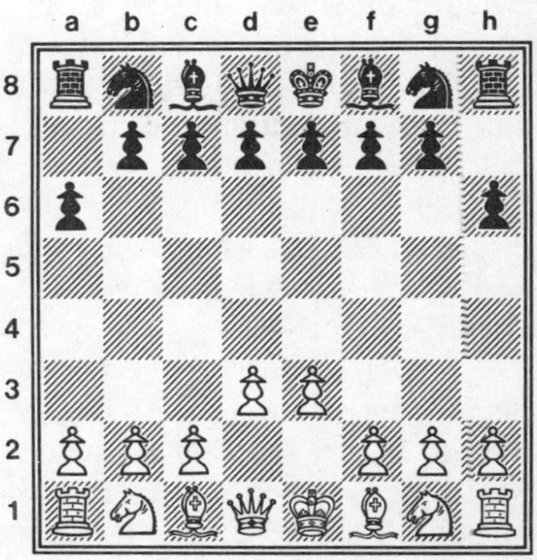

Das sähe dann nach dem ersten Eröffnungszug von Weiß und Schwarz so aus. Ich bin schon zu Hause nach Mitternacht von feucht-fröhlichen Stammtischrunden angerufen worden, ob es das denn gäbe, den Aufzug von zwei Bauern um je ein Feld im 1. Zug. Über diese »Regel« muß der Bannstrahl verhängt werden! Es gibt sie nicht und hat sie auch früher nicht gegeben. Der Irrtum im Laienpublikum kann mehrere Ursachen haben. Einmal gibt es im Ströbecker Schach den Aufzug von zwei Randbauern zu Beginn, aber um zwei Schritte mit h2—h4 und a2—a4, von Schwarz ebenso h7—h5 und a7—a5. (Dazu kommen noch die zusätzlichen Züge d2—d4 d7—d5 sowie Dd1—d3 Dd8-d6, wonach erst das Spiel beginnt. Siehe »Ströbecker Schach«).

Zum anderen wird vermutlich öfters die Regel über das Ziehen der Bauern deswegen falsch ausgelegt, da im Artikel 6 der Spielregeln des Weltschachbundes steht, daß ein Bauer »um ein oder zwei freie Felder auf der Linie« vorziehen kann, in der Folge nur noch um ein Feld. Das heißt klar: Es darf 1.e2—e3 gezogen werden, aber auch 1.e2—e4!

Wie im Schachdorf Ströbeck nach der Grundstellung alle Bauern nur noch um *ein Feld* weiterziehen dürfen, so war das auch noch im Jahre 1902 bei den Kalmücken der Fall. Obwohl dort das normale Schach gepflegt wurde, vor allem von den Geistlichen, kannte man dort nur den Einzelschritt des Bauern, kein en-passant-Schlagen und auch keine Rochade. Aber das hat sich längst geändert (wenn auch nicht in den abgelegenen Gegenden). Sollen daher bei uns im 20. Jahrhundert noch derartige Sonderregeln Geltung haben? Nein!

Hinweis: Jeder Schachfreund oder Interessent kann von der Geschäftsstelle des Deutschen Schachbundes in 1000 Berlin 12, Düsseldorfer Straße 17 – 18, Telefon: 0 30/8 83 93 00, zu allen Regelfragen Auskünfte erfragen. Die Spielregeln der FIDE (Weltschachbund) sind für alle Länder verbindlich, auch für Japan und China, die der FIDE angehören.

Nun aber zu einer mehr seriösen Regel:

Wann darf rochiert werden, wann nicht?

Der einzige Doppelzug, den es im Schach gibt, ist die Rochade. Es ist ein Doppelzug von König und Turm, bei dem nach bestimmten Regeln die Plätze getauscht werden (aber nicht feldergetreu). Das Ziel ist, den eigenen König in sichere Stellung zu bringen. Gleichzeitig wird der Turm aus der Ecke in Nähe der Mittellinien geführt.

Wir unterscheiden zwischen der kurzen (kleinen) oder langen (großen) Rochade. Nach Artikel 6 der Spielregeln des Weltschachbundes soll die Rochade zuerst mit der Bewegung des Königs begonnen werden, dem anschlie-

ßend der Halbzug mit dem Turm folgt. (Genaue Beschreibung auf Seite 135.)
Zur Praxis:

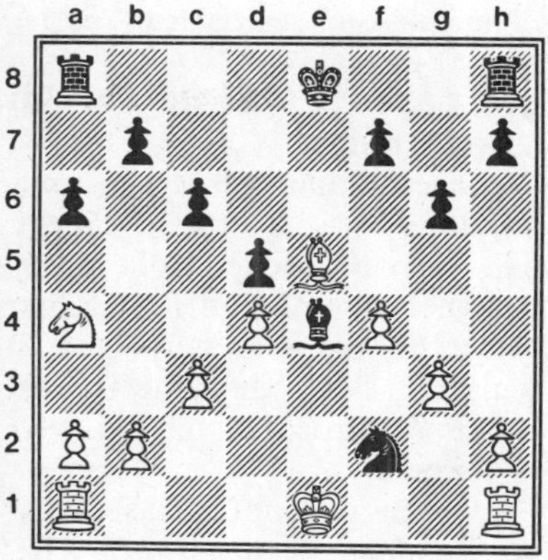

Wer darf hier rochieren und wie?

Die Rochade ist unter vier Voraussetzungen erlaubt:
1. Der König darf noch nicht gezogen haben.
2. Der Turm, mit dem rochiert werden soll, darf noch nicht gezogen haben.
3. Die Felder der Grundreihe zwischen König und Turm dürfen nicht besetzt sein, weder von eigenen noch von feindlichen Steinen.
4. Kein Feld der Grundreihe, das der *König* überschreitet, darf von einem gegnerischen Stein beherrscht sein. Wohl aber darf der *Turm ein Feld überschreiten,* das von einem feindlichen Stein beherrscht wird.
Die Rochade ist bei folgenden Fällen vorübergehend ausgeschlossen:
1. Der König darf nicht aus einem Schachgebot wegrochieren. Der Turm jedoch kann sich einem Angriff durch die Rochade entziehen.
2. Der König oder der Turm dürfen bei der Rochade keinen feindlichen Stein schlagen.
3. Der König darf kein Feld überschreiten, das von einem feindlichen Stein beherrscht (bestrichen) oder besetzt wird.
4. Befindet sich ein Stein zwischen König und Turm, darf nicht rochiert werden.
Damit sind alle Möglichkeiten und Verbote der Rochade abgedeckt. Die Fragen zum Diagramm können beantwortet werden:
1. Weiß darf kurz rochieren. Es ist ohne Bedeutung, daß der Th1 von Läufer und Springer des Gegners angegriffen ist.
2. Weiß darf nicht lang rochieren. Der König müßte nämlich dabei das Feld d1 überschreiten, das der schwarze Springer beherrscht. Wird aber der Sf2 vom Brett *entfernt,* dann ist auch die große Rochade möglich. Der Turm darf ja ein vom Gegner bedrohtes Feld, hier b1, überschreiten. (Siehe auch das Schachproblem Nr. 2 auf Seite 109.)
3. Schwarz kann nach zwei Richtungen rochieren, kurz oder lang. Bei 0—0—0 muß nur der Turm a8 das vom feindlichen Le5 be-

strichene Feld überqueren, bei der kurzen Rochade entzieht sich der Turm h8 dem Angriff durch die Rochade.
In den beiden Fällen kann in der Praxis von Schachamateuren immer wieder beobachtet werden, daß derart ungewöhnliche Rochadezüge mit Erstaunen betrachtet werden, so als wäre eben ein irregulärer Zug gemacht worden und der Gegner habe dies nicht bemerkt.
Zur *manuellen Ausführung der Rochade* sei noch gesagt, daß es Spieler gibt – auch innerhalb der Schachvereine – die bei nicht genau regeltreuer Reihenfolge der Rochade Protest einlegen. Sie verlangen, daß zuerst der König gezogen werden muß und erst dann der Turm. Als »strafrechtliche« Folge ist es schon dazu gekommen, daß die Rochade unterbleiben mußte und statt dessen ein Turmzug zu erfolgen hatte.
In sechs Deutschen Meisterschaften, in zwei Europameisterschaften und mehreren internationalen Länderkämpfen habe ich nie anders rochiert als: erst den Turm an den König gezogen, dann mit dem König über den Turm gesprungen. Und nicht einmal hat ein Gegner reklamiert! Der Deutsche Schachbund hat in der Bundesliga eindeutig erklärt, daß eine solche Rochade nicht mit einer Strafe belegt werden könne. Ergänzend hat die FIDE 1975 einen Zusatz eingefügt: »Der Spieler, der bei der Rochade zuerst den Turm ziehe, könne vom Turnierleiter eine Verwarnung erhalten. Es sei aber *nicht* erlaubt, einen *Turmzug als Strafe* zu verhängen.« (Siehe auch Seite 135.)

En passant (Schlagen im Vorbeigehen)

Wenn ein Bauer aus der Grundstellung zwei Schritte vorgeht, darf ein auf gleicher Höhe daneben stehender feindlicher Bauer »en passant« (= im Vorbeigehen) schlagen. Der abgekürzte französische Ausdruck lautet e.p., der deutsche i.V.
Die Grundregeln für das Schlagen im Vorbeigehen (auch Vorübergehen) sind:
1. Nur ein Bauer kann im Vorbeigehen schlagen.
2. Nur ein Bauer kann im Vorbeigehen geschlagen werden.
3. Der Bauer, der so geschlagen werden soll, muß zwei Schritte von seiner Grundstellung aus gezogen haben.
4. Der Bauer, der so schlagen darf, muß sich auf derselben Höhe befinden wie der um zwei Schritte vorgezogene gegnerische Bauer, der geschlagen werden soll.
5. Die beiden Bauern müssen sich auf den angrenzenden Feldern befinden.
6. Der um zwei Felder vorgerückte Bauer wird dann so geschlagen, als habe er nur einen Schritt gezogen.

7. Das Schlagen im Vorbeigehen muß sofort erfolgen – einen Zug später erlischt dieses Recht.
8. Das Schlagen im Vorbeigehen ist freiwillig und nicht Pflicht. Wenn aber eine Seite nicht mehr anders ziehen kann, muß selbstverständlich auch im Vorbeigehen geschlagen werden.

Was ist gemeint bei »en passant«?

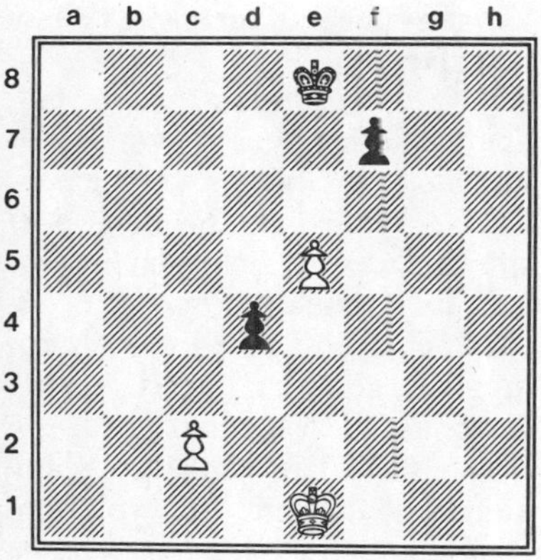

a) Weiß zieht 1.c2—c4
b) Schwarz zieht 1....f7—f5
Im Fall a) sind für Schwarz die Voraussetzungen zum Schlagen im Vorbeigehen erfüllt, denn sein Bd4 steht auf gleicher Höhe wie der um zwei Schritte aus der Grundstellung vorgezogene weiße Bauer. Schwarz darf mit 1....d4xc3 i.V. schlagen; er nimmt dabei den Bc4 vom Brett und setzt seinen Bd4 auf das Feld c3, so, als habe dieser nur einen Schritt gezogen.
Im Fall b) darf Weiß nach f7—f5 mit seinem Königsbauern e.p. (en passant) schlagen. Weiß verhält sich dabei im Prinzip ebenso wie vorhin Schwarz: Er nimmt den Bf5 vom Brett und setzt seinen Bauern nach f6.

Nun ein Testdiagramm für diverse Schlagmöglichkeiten:

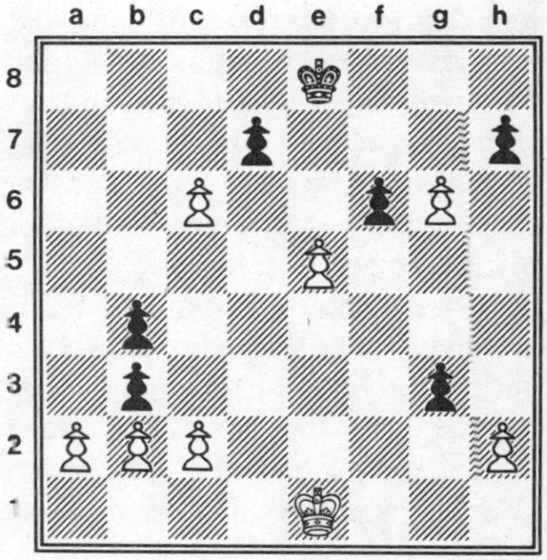

Frage: Darf Schwarz in allen diesen Fällen i.V. schlagen oder nicht?
1. Weiß am Zug spielt 1.a2—a4
2. Weiß spielt 1.a2—a3
3. Weiß spielt 1.c2—c4
4. Weiß spielt 1.c6—c7
5. Weiß zieht 1.e5—e6
6. Weiß zieht 1.g6—g7
7. Weiß zieht 1.h2—h4

Antwort:
Zu 1.: Schwarz darf 1....b4xa3 i.V. schlagen.
Zu 2.: Schwarz darf ganz normal

1....b4xa3 schlagen, es hat nichts mit dem Schlagen i.V. zu tun.
Zu 3.: Schwarz darf 1....b4xc3 i.V. schlagen. Aber er darf nicht mit 1....b3xc2 versuchen, im Nachhinein i.V. zu schlagen (so wenig wie vorhin bei 1.a2—a4 mit etwa 1....b3xa2).
Zu 4.: Auch hier kann Schwarz nicht nachträglich 1....d7xc6 spielen, denn in keinem Fall sind die Voraussetzungen zum Schlagen i.V. gegeben. Es hätte sich in diesem Fall, wäre Schwarz vor c6—c7 am Zug gewesen, auch nur um einen ganz normalen Schlagfall mit d7xc6 gehandelt.
Zu 5.: Schwarz kann nicht 1....f6xe5 nachträglich i.V. schlagen; Schwarz kann ganz normal 1....f6—f5, 1....d7xe6 oder 1....d7xc6 spielen oder auch einen beliebigen anderen Zug ausführen.
Zu 6.: Schwarz kann jedenfalls nicht 1....h7xg6 spielen. Die Voraussetzungen zum Schlagen i.V. sind nicht vorhanden.
Zu 7.: Schwarz kann nicht nachträglich 1....g3xh3 oder 1....g3xh2 schlagen. Nur wenn sein Bauer noch auf g4 stünde, wäre ein normaler Fall von en passant vorhanden.
Die Gegenprobe mit Schwarz am Zug:
1. Schwarz spielt 1....d7—d5
2. Schwarz zieht 1....f6—f5
3. Schwarz zieht 1....g3—g2
4. Schwarz spielt 1....g3xh2
5. Schwarz spielt 1....h7—h5

Frage: Wo kommt ein Schlagen i.V. in Betracht?
Antwort: (Die meisten Argumente haben wir schon im ersten Teil kennengelernt.)
Zu 1.: Weiß darf mit 2.e5xd6 i.V. schlagen.
Zu 2.: Weiß kann mit dem f-Bauern jedenfalls nichts anstellen.
Zu 3.: Weiß kann dem vorüberziehenden g-Bauern nichts mehr anhaben. Hätte er ihn doch im vorigen Zug auf normale Weise geschlagen!
Zu 4.: Ein normaler Schlagfall; der weiße h-Bauer ist vom Brett und aus dem Spiel ausgeschieden.
Zu 5.: Weiß kann wohl g6—g7 spielen, aber ein Schlagen en passant ist »passé« (vorbei). Ein solches Schlagen i.V. wäre doch nur möglich gewesen, wenn der g-Bauer auf g5 gestanden hätte.
Aus einem Partieanfang: Wann kommt Schlagen i.V. vor und wann handelt es sich um normale Schlagfälle? Übrigens kommt für das Schlagen i.V. oder en passant auch noch die Bezeichnung »Kreuzschlag« vor, weil die Bauern über Kreuz geschlagen werden.

1.Sg1—f3	d7—d5
2.c2—c4	d5—d4

Schwarz könnte mit 2....d5xc4 schlagen, wobei es sich um einen ganz normalen Schlagfall handeln würde.

3.d2—d3	c7—c5
4.b2—b4	c5xb4

Ein Gambit, das Schwarz annimmt.

5.a2—a3 b4—b3

Schwarz hätte mit 5....b4xa3 schlagen können. Wenn er nun aber bevorzugt vorbeizuziehen, gibt es für Weiß keinesfalls eine Möglichkeit, den vorgezogenen Bauern b3 etwa mit 6.a3xb4? zu schlagen.

6.Dd1xb3 Sb8—c6

7.e2—e4

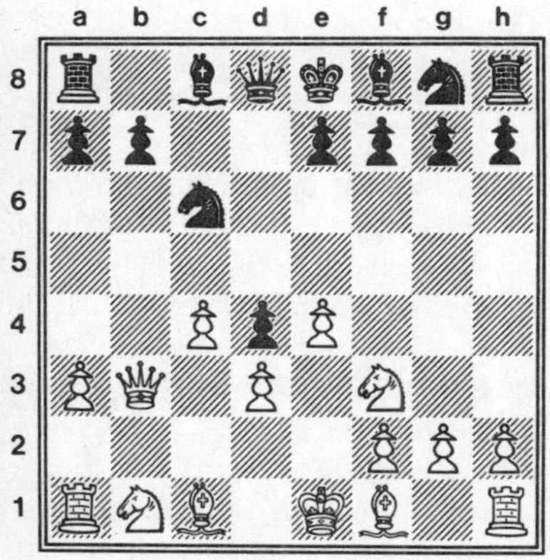

Erst jetzt tritt zum ersten Mal die Gelegenheit eines e.p.-Schlagens auf. Schwarz dürfte mit 7....d4xe3 i.V. schlagen.

Andere übliche Möglichkeiten des Schlagens i.V. in der Eröffnung: Königsgambit, beantwortet mit Falkbeer-Gegengambit:

1.e2—e4 e7—e5

2.f2—f4 d7—d5

Obwohl sich zwei Bauernpaare gegenüberstehen, ist nirgends die Rede von einem Kreuzschlag. Regel 4 ist nicht erfüllt: die Bauern stehen nicht auf gleicher Höhe!

3.e4xd5 e5—e4

4.d2—d4

Ein Zug, der ebensogut ist wie das öfter gespielte 4.d2—d3 oder 4.Sb1—c3. Jetzt könnte Schwarz mit 4....e4xd3 i.V. schlagen. Aber er wird auf dieses Recht besser verzichten und 4....Sg8—f6 spielen.

Es darf also für uns in Zukunft keinen Streitfall mehr geben, sollte sich irgendwo diese Eröffnung zutragen:

1.e2—e4 e7—e6

2.d2—d4 d7—d5

3.e4—e5 f7—f6

4.Lf1—d3 f6—f5

Wenn Weiß an dieser Stelle mit 5.e5xf6 en passant schlagen will, erheben wir Protest. Zwar trifft die Regel 4 und 5 zu, daß die Bauern sich auf gleicher Höhe befinden und sich auf den angrenzenden Feldern gegenüberstehen. Aber es hat nicht der Doppelschritt stattgefunden (nach Regel

3), sondern es wurde vom Bf7 zuletzt nur ein einfacher Schritt gemacht. Es kommt öfter vor, daß ein Bauer in zwei Schritten den Weg aus der Grundstellung auf die 4. oder 5. Reihe (bei Schwarz) macht. Aber nur wenn der Doppelschritt getan wurde, kann es ein Schlagen i.V. geben.
Etwa hier: 1.e2—e4 e7—e6 2.e4—e5 d7—d5 (oder 2....f7—f5). In beiden Fällen darf Weiß den Kreuzschlag anwenden: 3.e5xd6 i.V. (oder 3.e5xf6 i.V.).
Es soll nicht unerwähnt bleiben, weshalb die Regel vom Schlagen i.V. zwingend notwendig ist. Gäbe es sie nicht, so wäre ein Bauer seines natürlichen Schlagrechts beraubt. Ein weißer Ba2 könnte an einem schwarzen Bb4 mit dem Zug a2—a4 sich zum Freibauern etablieren, obwohl er doch in der Ausgangsstellung kein Freibauer ist!

Muß man im Vorbeigehen schlagen?
Natürlich nicht, wenn noch ein anderer Zug möglich ist (vgl. Punkt 8). Aber wenn das Schlagen i.V. das eigene Patt aufhebt und dann zu Matt führt, wie verhält sich dann die Sache?
Es muß auch dann der Kreuzschlag gemacht werden!

L. Finzer, Speyer (Zeit 1971)

Matt in drei Zügen
Lösung: 1.Tf5! gf5: 2.f4!

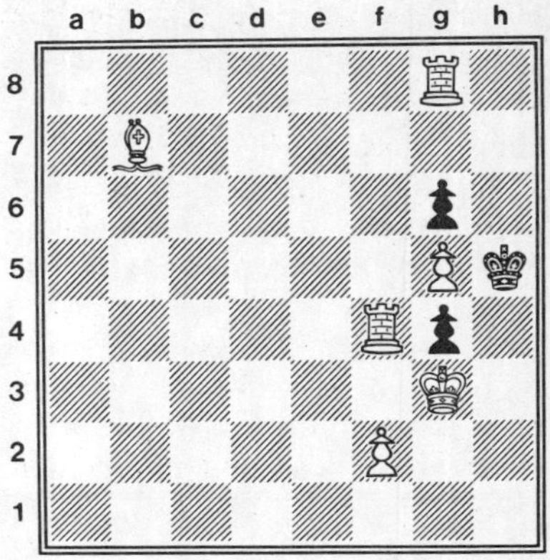

Schwarz steht patt? Nein, er kann – ja *er muß* – mit dem Bauern g4 im Vorbeigehen schlagen:
2....gf3: i.V. 3.Lf3: +

Wieviele Damen sind erlaubt?

Den absoluten Rekord von Fehlinformation und Irrtum hält im Laienpublikum die Frage, ob ein Spieler durch Bauernumwandlung eine zweite Dame wählen darf, obwohl die aus der Grundstellung noch im Spiel ist.
Bekanntlich darf ein Bauer, der die letzte Reihe erreicht, in eine Dame oder in eine andere Figur gleicher Farbe, ausgenommen in einen König, umgewandelt werden. Den genauen Wortlaut möge der Leser in den »Spielregeln des Weltschachbundes« S. 136, Abschn. c), nachschlagen.
Nun behaupten zahlreiche Schachfreunde, eine neue Dame sei nur dann zulässig, wenn die betref-

fende Partei die erste Dame (die aus der Grundstellung) nicht mehr auf dem Brett hat. Ist diese Dame aber noch im Spiel, dürfe zur Umwandlung nur ein Turm gewählt werden oder sogar nur eine solche Figur, die durch Abtausch schon verschwunden ist.

Andere wieder vertreten den Standpunkt, es seien beliebig viele Umwandlungen eines Bauern erlaubt – mit Ausnahme in einen zweiten gleichfarbigen Läufer. Wie verhält es sich wirklich nach den Regeln?

Es ist richtig, daß die Spielregeln in diesem Punkt erst im 18. Jahrhundert reformiert wurden. Vor dieser Zeit durfte nur eine solche Figur umgewandelt werden, die aus dem ursprünglichen Bestand schon fehlte. Im 19. Jahrhundert wurden die Regeln über die Umwandlung und über die Rochade in Deutschland modernisiert. (Siehe auch im Lexikon unter »Umwandlung«.) Erreicht ein Bauer die letzte Reihe, darf ein Spieler – und er muß es – diesen Bauern in eine Dame, einen Turm, einen Läufer oder einen Springer derselben Farbe umwandeln. Die Umwandlung geschieht nach Wahl des Spielers und ohne Rücksicht auf die noch auf dem Brett befindlichen Steine. (Nicht erlaubt ist selbstverständlich die Umwandlung in einen zweiten König.)

Daraus ergibt sich, daß eine Partei nicht nur zwei Damen auf dem Brett haben kann, sondern theoretisch sogar neun: eine aus der Grundstellung und acht aus Bauernumwandlungen. Ebenso kann ein Spieler einen dritten Springer wählen, oder er kann einen dritten Läufer ins Spiel stellen – zwei davon werden auf Feldern gleicher Farbe ziehen.

Partien, in denen beide Seiten mehr als eine Dame auf dem Brett haben, treten öfter auf als man denkt. Zwei berühmte Partieschlüsse:

»Polygamie« der Weltmeister

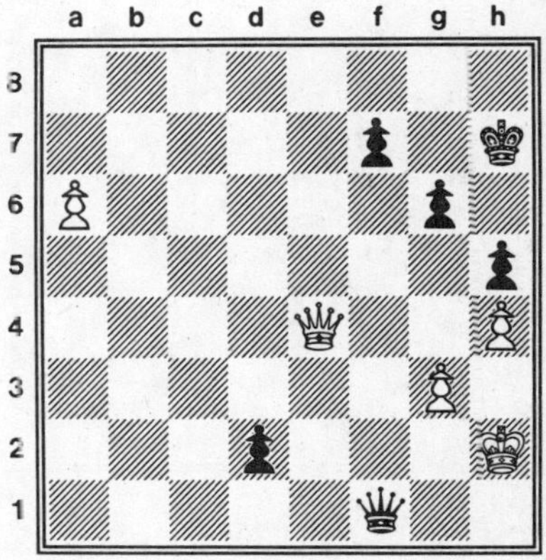

Capablanca-Aljechin
(WM-Match 1927 Buenos-Aires)

Der Weltmeister mit Weiß am Zug konnte nicht verhindern, daß sein Gegner zuerst eine zweite Dame erhält:

1.a6—a7	d2—d1D
2.a7—a8D	Df1—g1 +

Fast immer entscheidet in solchen

Fällen, wer zuerst zum Schachbieten kommt.

3.Kh2—h3 Dd1—f1+!

Der Weltmeister gab auf, denn 4.De4—g2 wird mit Dg1—h1‡ erledigt (die Dg2 ist gefesselt).

Kurioser kam es zu fünf Damen im Fernturnier des Pfälzischen Schachverbandes 1972:

Die sechste Dame setzt matt

Schwarz: Frau E. Lamprecht

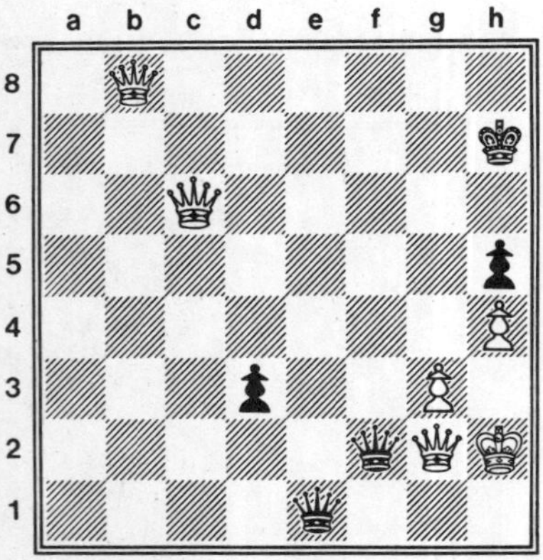

Weiß: Frau P. Vondung

Weiß hatte sich gerade mit 54.b7—b8 eine dritte Dame gemacht. Was folgte, schilderte Dr. E. Bachl in der »A – Z-Schachekke« Worms:

»Weiß freute sich offensichtlich über seinen vergrößerten Harem und schrieb der Partnerin: Unsere Partie entwickelt sich zu einer Kuriosität: Fünf Damen auf dem Brett! Worauf postwendend die Antwort eintraf: Ja, wirklich kurios. Aber die 6. Dame setzt Sie jetzt in vier Zügen matt.«

54....	De1—g1+
55.Kh2—h3	Df2—f5+
56.g3—g4	Df5xg4+!
57.Dg2xg4	h5xg4‡!«

Die sechste Dame, wer das war? Natürlich die Pfalzmeisterin, Frau Lamprecht.

So eine Springerei

Aufgabe von Dr. W. Speckmann (Schach-Echo 1957)

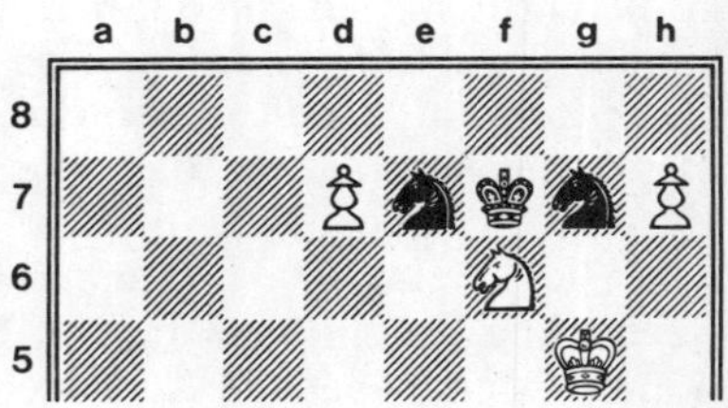

Matt in drei Zügen

Im Schachproblem sind der Fantasie mit dem Auftauchen von Umwandlungsfiguren keine Grenzen gesetzt. W. Shinkman schaffte 1903 in der Deutschen Schachzeitung ein Problem »Matt in 8 Zügen«, in dem schon zwei weiße Springer auf dem Brett sind und während der Lösung noch vier weitere durch Umwandlung dazukommen!

Die Lösung unserer kleinen Aufgabe ist: 1.d7—d8S+! Kf7—f8 2.h7—h8S!

Wie Schwarz auch zieht, es folgt entweder Sd8—e6+ oder Sh8—g6+, je nachdem mit welchem Springer Schwarz jetzt zieht. Nicht die massive Umwandlung in Damen hat zum raschen Ziel geführt, sondern die doppelte Unterverwandlung in Springer.

Gibt es einen Strafzug mit dem König?

Wenn regelwidrige Züge geschehen, erfolgen Sanktionen nach Artikel 8 der Spielregeln des Weltschachbundes – »Der berührte Stein«. Diese Sanktionen beziehen sich darauf, daß ein Spieler z. B. mit einem Stein einen gegnerischen Stein schlägt, dabei aber übersehen hat, daß sein Stein gefesselt war und nach den Regeln gar nicht ziehen konnte. Diese Einzelheiten stehen in den »Spielregeln des Weltschachbundes« auf Seite 138.

Die Spielregeln waren im Jahre 1920 noch nicht eindeutig modifiziert, und noch in der 9. Auflage des Lehrbuchs von Dufresne konnte man lesen: »Berührt ein Spieler einen Stein, der nach den Regeln nicht gezogen werden kann, so ist der Gegner berechtigt, ihm die Strafe aufzuerlegen, einen Zug mit dem König zu machen (der jedoch nicht in der Rochade bestehen darf) ....«

Das Buch wurde 1908 verlegt, inzwischen sind über 20 Auflagen herausgekommen und die Regeln sind auf dem neuesten Stand.

Das waren also die Zeiten, in denen sich diese Episoden ereignen konnten:

1.e2—e4 d7—d5 2.e4xd5 Dd8xd5

Und jetzt griff Weiß irrtümlich fehl, die Beleuchtung mag daran schuld gewesen sein, und zog:

3.Sb1—b3?

Ein irregulärer Zug, auf den augenblicklich die Strafe verhängt wurde: »Königszug!« Also Springer zurück nach b1 und dafür

3.Ke1—e2 Dd5—e4+.

Nach den heutigen Regeln muß der Springer von Feld b3 genommen werden, und Weiß muß mit demselben Springer einen regulären Zug ausführen. Also 3.Sc3 oder 3.Sa3, und zwar nach seiner Wahl, nicht nach dem Verlangen des Gegners. Es gibt also keinen Strafzug mit dem König!

Darf der König geschlagen werden?

Ja, aber nur in Blitzturnieren. Man kann es in den Bestimmungen über die Deutsche Blitzmeisterschaft (»Spielregeln des Weltschachbundes«) nachlesen. In regulären Partien ist das ausgeschlossen. Trotzdem hat einmal ein Spieler und seine ganze Mannschaft Partie und Wettkampf verloren, weil ein König versehentlich ins Schach gesetzt wurde und vom Gegner herausgeschlagen!

Die Stuttgarter Zeitung berichtete über den Fall im Jahre 1955 in ihrer Nr. 293: »Ein ungewöhnlicher

Fall in der Turniergeschichte ereignete sich im Spiel Zuffenhausen gegen Reutlingen. Als ein Reutlinger Spieler mit seiner vom gegnerischen Turm gefesselten Dame versehentlich einen irregulären Zug machte, war dadurch sein König dem feindlichen Turmschach ausgesetzt. Anstatt nun seinen Gegner auf den Irrtum aufmerksam zu machen – der Damenzug war nach den Regeln nicht statthaft und hätte zurückgenommen werden müssen – schlug der Spieler von Zuffenhausen mit seinem Turm kurzerhand den gegnerischen König heraus! Über diesen nach den Regeln ebenfalls unerlaubten Bluff war der Reutlinger so perplex, daß er in einer Kurzschlußreaktion seinem Gegner die Hand gab als Zeichen zur Aufgabe der Partie! Später auf den Irrtum aufmerksam gemacht, gaben aber die Zuffenhausener den geraubten König nicht mehr heraus, so daß die Reutlinger mit 3½ : 4½ Punkten geschlagen nach Hause ziehen mußten«.

Es wird noch berichtet, daß die Reutlinger Protest bei der Landesspielleitung einlegten. Dieser wurde jedoch später nach der Regel abgelehnt: Wer eine Partie aufgibt, hat verloren!

Und das alles ereignete sich nicht vor 100 Jahren, auch nicht unter Laienschachspielern, sondern 1955 in der Landesliga Württemberg. Anstatt Reutlingen stieg 1956 Zuffenhausen in die Oberliga auf – man war nach Siegpunkten gleich. Schon bei 4 : 4 wäre Reutlingen Tabellenerster gewesen.

In Westfalen ereignete sich 1962 ein Fall, wie er schon bei vielen Wettkämpfen vorkam: In Zeitnot machte Weiß einen Zug und sagte aufatmend zu seinem Gegner »matt!«. Schwarz ist überrascht und reicht seinem Gegner zum Sieg die Hand. Unter den Zuschauern setzt ein Raunen ein, das Schwarz auf seinen verhängnisvollen Irrtum aufmerksam macht – die »mattsetzende« Figur konnte geschlagen werden!

Nun verlangte Schwarz Weiterspiel, angeblich weil er vom Gegner getäuscht worden war. Wie mußte entschieden werden?

Es bleibt beim Sieg von Weiß. Denn aufgegeben ist aufgegeben. Es kann sich jeder Spieler bei irgendeiner Ansage irren; Weiß war im Trubel sicher der Ansicht, er habe einen Mattzug ausgeführt.

Muß Schach angesagt werden?

»Schach« braucht nicht angesagt zu werden, weder in einer freien Partie noch im Turnier und schon gar nicht im Blitzturnier (dort wird ja auf die Gelegenheit gewartet, den König herauszuschlagen!). Es hat auch keine Folgen, wenn ein Spieler im Turnier »Schach« bietet, und es sich herausstellt, daß der Zug kein Schach ist. Es ist aber in freien Partien üblich, »Schach« anzusagen – mehr als eigene Aufmunterung zu dem bescheidenen »Erfolg«.

Darf eine Mattansage erfolgen?

Im Turnier ist eine Mattansage erlaubt, aber ganz ungewöhnlich. Es kommt zwar vor, daß ein Spieler mattsetzt und ausruft »Matt!« Ungehörig sind Mattansagen wie etwa: »Matt in vier Zügen!« Dr. Tartakower hatte einmal eine Mattansage von Bogoljubow mit den Worten zurückgewiesen:
»Ich verbitte mir jede Belästigung!« Das war nicht bös gemeint, weder von Dr. Tartakower noch von Bogoljubow. Aber Dr. Tartakower hatte zweifellos recht. Es ist nach den Turnierregeln nicht erlaubt, den Gegner irgendwie zu stören. Artikel 18, Ziffer c) der Spielregeln des Weltschachbundes sagt über das »Betragen der Spieler«: Es ist verboten, den Gegner abzulenken oder zu stören, auf welche Weise auch immer. Ziffer d): Zuwiderhandlungen können Strafen bis zum Partieverlust nach sich ziehen.
Eine Mattansage wie oben hat schon deswegen wenig Sinn und ist leicht unsportlich auszulegen, weil sie ja ganz unverbindlich ist und den (falschen?) Propheten zu nichts verpflichtet. Er kann durch keine Regel belangt werden, außer der des guten Betragens.
Damit hofft der Autor, die gravierendsten Irrtümer in der Regelauslegung geklärt zu haben.

Abgebrochene Partie zwischen

Partie Nr. ____________

Weiß: .... **Schwarz:** ....

Gespielt am: .... Turnier: .... Runde: ....

STELLUNG VON WEISS:		**STELLUNG VON SCHWARZ:**	
♔	♕	♚	♛
♖		♜	
♗		♝	
♘		♞	
♙		♟	
♙		♟	

Stellung der Uhrzeiger von Weiß: Schwarz:

Verbrauchte Zeit von Weiß: Schwarz:

Der Umschlag enthält den . Zug von Weiß/Schwarz

Datum und Zeit der Wiederaufnahme: um Uhr

Unterschrift von Weiß: .... Schwarz: ....

Unterschrift des Turnierleiters: ....

Schachlexikon

Geläufige Begriffe und andere Schachausdrücke Eine Zusammenfassung von A bis Z

Soweit es der einzelne Begriff verlangt, ist eine entsprechende Erläuterung gesondert im Textteil ausführlich und auch illustriert dargestellt.

Abbruchstellung
(Abgebrochene Partie)

Wenn im Turnier nach vier- oder fünfstündiger Spielzeit die Partien unterbrochen werden, bleiben die abgebrochenen Partien »hängen«, d. h. die Abbruchstellung oder abgebrochene Partie wird erst nach einer festgelegten Pause – die eine oder mehrere Stunden, manchmal auch Tage betragen kann – weitergespielt. Inzwischen können die Spieler die Abbruchstellung analysieren. Die chronologische Reihenfolge beim Abbruch der Partien ist: Der Turnierleiter kündet das Ende der Runde an. Der gerade am Zug befindliche Spieler gibt seinen Zug ab (Abgabezug); er notiert sich den Zug und überreicht ihn der Turnierleitung in einem geschlossenen Kuvert. Die Hängepartien dürfen von den Spielern analysiert werden. Beim Weiterspiel öffnen Turnierleiter oder Spieler den Umschlag mit dem Abgabezug, und die Hängepartie nimmt ihren Fortgang.

Das Kuvert für den Abgabezug wird von den Spielern oder dem Turnierleiter beschriftet. Diese Umschläge sind bei Schachzentralen zu beziehen und finden in allen Schachklubs Verwendung.
Spieler oder Turnierleiter stecken beide Partieformulare samt dem Abgabezug in den Umschlag, verschließen ihn und geben ihn der Turnierleitung zur Aufbewahrung.
Bei Fortsetzung der Hängepartie – manchmal nach einer Stunde, ein anderes Mal nach Tagen – ist nur der Turnierleiter berechtigt, in Anwesenheit beider Spieler den Umschlag zu öffnen und den aufgeschriebenen, geheimgehaltenen Abgabezug festzustellen.

Abgabezug

Bei Abbruch einer Partie nach dem Ende der regulären Spielzeit (in den meisten Turnieren, auch in der Bundesliga: fünf Stunden) hat der am Zug befindliche Spieler seinen Zug abzugeben. Er kann diesen Zug offen oder geheim abgeben. In der Regel wird der Spieler den Abgabezug geheim abgeben, so daß der Gegner ihn nicht erfahren kann. Der Abgabezug muß auf ein Formular geschrieben werden. Wird bei Fortsetzung der Partie festgestellt, daß der abgegebene Zug nicht eindeutig identifiziert werden kann oder der Spieler versehentlich einen falschen Zug aufgeschrieben hat (einen »unmöglichen« Zug), so wird die Partie für ihn als verloren erklärt.

Der Sieger der III. Internationalen Deutschen Schachmeisterschaft 1975 in Mannheim, der amerikanische Großmeister Walter Browne, hatte in der letzten Runde den Abgabezug in der Partie gegen den Deutschen M. Gerusel zu notieren. Er verdeckte dabei mit seiner linken Hand die schreibende rechte. Dabei schaute er kritisch in die Runde der Zuschauer, zog das Partieformular zugedeckt unter den Tisch, um dort seinen Abgabezug niederzuschreiben! Bei Fortsetzung der Partie zeigte sich, daß Browne den richtigen Zug abgegeben hatte, der nach weiteren neun Zügen zum Gewinn der Partie und zum Sieg im Turnier führte.

Abschätzen

Wird eine Partie in einem Turnier oder Wettkampf abgebrochen und es fehlt die Zeit zum Weiterspiel, so kann entsprechend der Turnierbestimmung die Partie von neutralen Spielern abgeschätzt – ob gewonnen oder remis – werden. Siehe die Bestimmungen „Abbruch und Abschätzung" der Bundesligabestimmungen. Das Abschätzen von unbeendeten Partien kommt besonders häufig in Fernschachturnieren vor.

Abwicklung

Unter Abwicklung versteht man meist die Liquidierung einer gespannten Lage, und zwar in vereinfachter Art. Oft bezeichnet

Johansson-Ljungdahl
(Schwedische Fernschachmeisterschaft 1964)

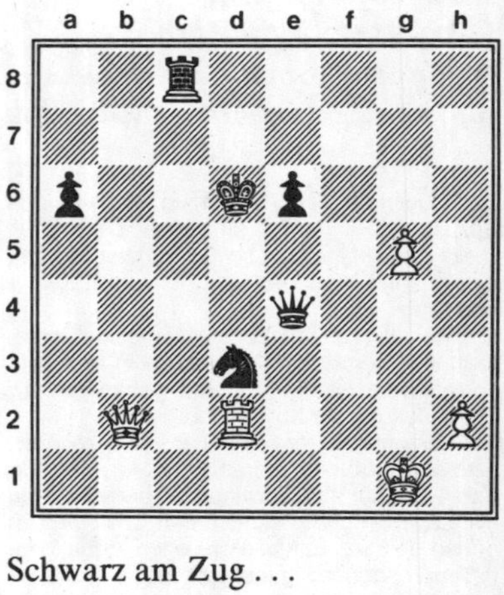

Schwarz am Zug . . .

man damit auch den Übergang vom Mittelspiel ins Endspiel oder den Abtausch der überflüssigen Steine im Endspiel, um das angestrebte Ziel zu erreichen.

... wickelte zum klargewonnenen und übersichtlichen Endspiel ab: 1.... De1+ 2.Kg2 Dd2:+! 3.Dd2: Tc2!

In diesem feinen stillen Zug gipfelt die schwarze Kombination oder noch besser gesagt: in der Springergabel nach 4.Dc2: Se1+ samt Sc2:. Die Abwicklung klärte die Lage für Schwarz, der Turm und Dame tauschen konnte (auf indirekte Weise!), um nun mit der Mehrfigur auf den klaren Sieg zu pochen.

Die Abwicklung zum Remis

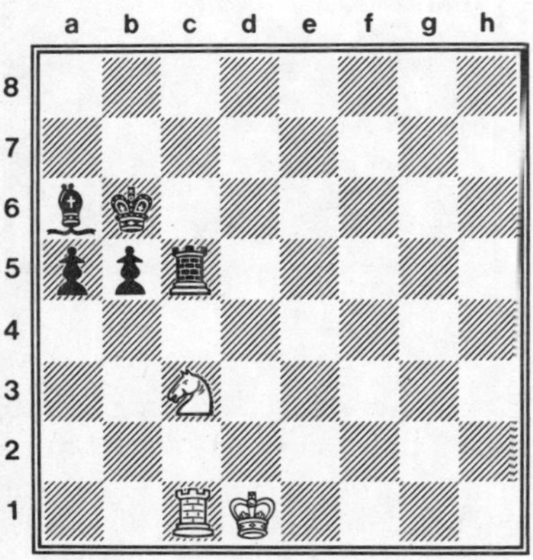

Weiß am Zug sieht sich zwei verbundenen Freibauern gegenüber. Doch durch einen Abtauschtrick kann Weiß zu einem Remisendspiel abwickeln:

1.Sa4+! ba4: 2.Tc5: Kc5: 3.Kc1 Ld3 4.Kb2 Kb5 5. Ka1.

Und aus der Ecke a1 läßt sich der weiße König nicht mehr vertreiben! Trotz Mehrfigur und zwei Bauern vermag Schwarz nicht mehr zu gewinnen – er hat den »falschen« Läufer! Bitte ausprobieren (siehe auch S. 61/62).

Abzugsschach
(Aufgedecktes Schach)

Ein Abzugsschach oder aufgedecktes Schach entsteht, wenn ein Stein die Wirkungslinie eines anderen Steines freigibt oder aufdeckt. Zwei Beispiele aus der Grundstellung:

A) 1.e2—e4 e7—e5 2.Sg1—f3 Sg8—f6 3.Sf3xe5 Sf6xe4? 4.Dd1—e2 Se4—f6?? 5.Se5—c6+

Der Springer gibt das Abzugsschach, nämlich das aufgedeckte Schach der Dame!

B) 1.e2—e4 c7—c6 2.d2—d4 d7—d5 3.Sb1—c3 d5xe4 4.Sc3xe4 Sg8—f6 5.Dd1—d3 e7—e5 6.d4xe5 Dd8—a5+ 7.Lc1—d2 Da5xe5 8.0—0—0 Sf6xe4 9.Dd3—d8+!! Ke8xd8 10.Ld2—g5++

Der Läufer gibt Schach, der Td1 gibt Schach. Ist es nun ein Abzugsschach oder ein Doppelschach? Offenbar ein Doppelschach, gegen das nur ein Königszug in Frage kommt: a) 10....

Kd8—c7 11.Lg5—d8‡, oder b) 10.... Kd8—e8 11.Td1—d8‡ (Reti-Dr. Tartakower 1911).

Wenn der König ein Abzugsschach gibt, kann das so aussehen:

Weiß Ka7 Th8 Lf6 Bb5 e5; Schwarz Kc7 Be6 f7 Matt in drei Zügen. Lösung:

1.Th8—a8 Kc7—d7 2.Ka7—b8 Kd7—e8 3.Kb8—c7‡ Der wK gibt das aufgedeckte Schach, aber der Turm ist es, der mattsetzt.

Th. Schuster (Funkillustrierte 1930)

Mattstellung im 3. Zug

Allies, Beratende, Konsultierende

In der angelsächsischen Schachliteratur wird der Leser öfters in Partiensammlungen als Gegner den Namen »Allies« vorfinden. Es handelt sich dann um die Alliierten Gegner, um die Beratenden, die dem Meister gegenübersaßen. Freilich ist es korrekt, wenn dabei die Namen genannt werden und nicht die Pauschalbezeichnung »Allies« oder »Beratende«. Man spricht auch von Konsultationspartien – die Gegner konsultieren sich vor den einzelnen Zügen.

Weiß: Dr. S. Tarrasch
Schwarz: Allies (Beratende)
Gespielt in Neapel 1914

Nach dem 30. Zug der Allierten, der sich gegen den Großmeister beratenden Spieler, hat sich diese Stellung ergeben:

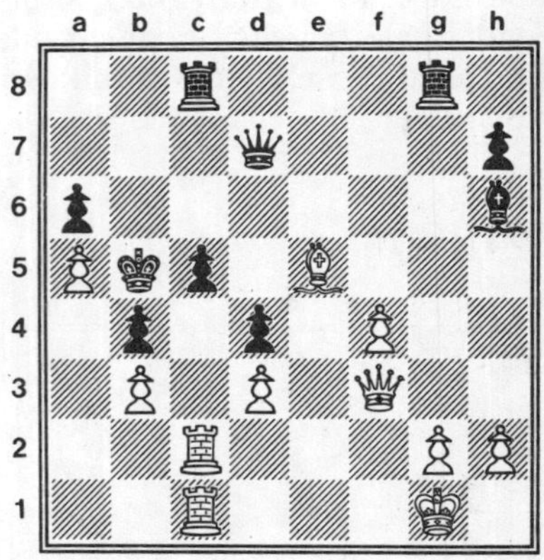

Weiß am Zug

Es ist einer der schönsten Züge zu sehen, die je auf dem Schachbrett gemacht worden sind. Tarrasch spielte

31.Le5—c7!! 1 : 0

Die »Allies« ergaben sich. Es ist ein Schnittpunkt entstanden, den die Problemexperten als Plachutta-Schnittpunkt bezeichnen: zwei gleichartig ziehende schwarze Steine verstellen sich gegenseitig. Das sieht nach Lc7 so aus: 31....Dd7xc7 32.Tc2xc5+! Dc7xc5 33.Df3—b7+ Kb5xa5 34.Tc1—a1≠; oder der Turm verstellt die Dame bei 31....Tc8xc7 32.Df3—b7+! Noch ein Damenopfer dazu! 32....Tc7xb7 33.Tc2xc5≠ Gegen die Doppeldrohung nach 30.Lc7 mit Db7+ und Tc5≠ ist man machtlos!

Amateur

Es handelt sich dabei nicht um den Begriff des Amateursportlers, des Liebhaberschachspielers, sondern um den Gegner, der in der Schachliteratur immer wieder als der Partner eines Meisters auftaucht.

Es heißt z. B. in dem Schachbuch: Aljechin – Amateur oder Weiß: Amateur – Schwarz: Dr. Lasker und Maroczy. Im letzteren Fall dann, wenn die beiden Großmeister alternierend eine Simultanvorstellung gegeben haben. Der Amateur oder der Herr N. N. führte in einer Simultanvorstellung die weißen Steine, während der Weltmeister und Maroczy gemeinsam gegen dieselben Gegner simultan spielten. Dabei kam einmal Lasker, das nächstemal Maroczy beim »Amateur« oder »N. N.« am Brett vorüber und machten den schwarzen Gegenzug. Die Meister spielten also alternierend – abwechselnd.

Als Lasker und Maroczy alternierend simultan spielten:

Weiß: Amateur
Schwarz: Dr. Lasker und G. Maroczy

Gespielt am 30. September 1900 in Pest während einer Simultanvorstellung, bei der die Meister ohne Beratung die Züge an den einzelnen Brettern abwechselnd spielten. Die Meister siegten an 30 Brettern mit +27, =2, -1.

1.e2—e4	e7—e5
2.Sg1—f3	Sb8—c6
3.d2—d4	e5xd4
4.Lf1—c4	Lf8—c5
5.0—0	Sg8—f6
6.Lc1—g5	

Der Amateur verzichtete gegen die erfahrenen Meister auf die bessere Fortsetzung (oder übliche Fortsetzung) 6.e5 d5 7.e:f6: oder 7.Lb5 mit guten Chancen für den Anziehenden.

6....	d7—d6
7.Lc4—b5	h7—h6
8.Lg5—h4	Lc8—g4
9.Sb1—d2	g7—g5!
10.Lb5xc6+	b7xc6
11.Lh4—g3	h6—h5!
12.h2—h3	Lg4xf3
13.Sd2xf3	g5—g4
14.h3xg4	h5xg4
15.Sf3xd4	Dd8—d7

Wie bei einer normalen Simultanvorstellung ist es auch beim alternierenden Spiel dem einzelnen Meister erlaubt, mehrere Züge hintereinander auszuführen, wenn auch der Spieler einige Züge ohne Rundenpause ausführen will. Wir wissen nun nicht, welche schwarzen Züge Weltmeister Lasker und welche der ungarische Großmeister machte – aber sie spielten so synchron, daß der eine stets wußte, was der andere beabsichtigte – oder es wissen oder erraten sollte.

16.Tf1—e1 Sf6—h5
17.Sd4—f5 0—0—0
18.Dd1xg4 Td8—g8
19.Dg4—f3

Wenn 19.Se7+ Kd8 20.Dd7:+ Kd7: 21.Sg8: Sg3: 22.Sf6+ Kc8, dann kann Weiß das Matt nicht mehr decken.

19.... Th8—h7
20.Ta1—d1! Tg8—g6
21.Kg1—f1 Tg6—f6
22.Lg3—e5! Tf6—g6
23.Df3—c3

Weiß droht mit Ld4 die Lage endgültig zu seinen Gunsten zu klären. Aber die Meister haben eine Kombination mit Damenopfer vorbereitet.

23.... d6xe5
24.Td1xd7?

Der Amateur kann der Verlokkung nicht widerstehen. Bei 24.Dc5:! Sf4 25.Df8+! Kb7 26.Db4+ könnte Weiß Dauerschach geben, und auch bei

Schwarz: Lasker+Maroczy

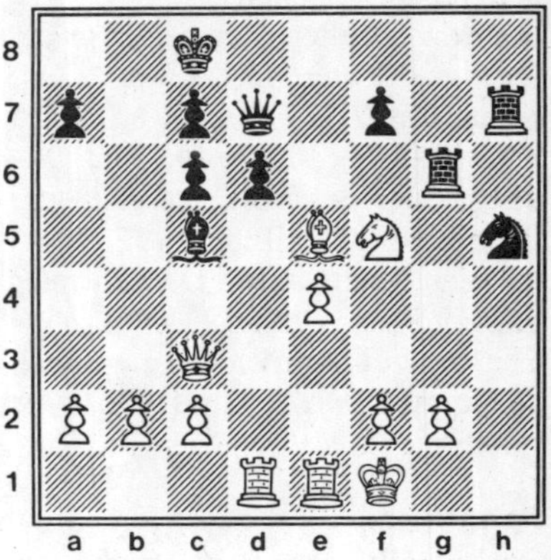

Weiß: der Amateur
(Stellung nach 23.Dc3)

25.Df8+ Kb7 26.Sg3! wäre die Lage undurchsichtig (26....Dg4!, wonach Weiß wieder Dauerschach bieten muß).

24.... Sh5—f4!
25.Td7—d8+

Auf 25.Sg3 folgt einfach Tg3: und die Mattdrohung auf h1 entscheidet.

25.... Kc8xd8
26.Te1—d1+ Lc5—d4

Nach einem Königszug könnte Weiß mit Ke1/Kd2 Reißaus nehmen.

27.Td1xd4+ e5xd4
28.Dc3xd4+ Tg6—d6!

Der elegante Schlußpunkt (29.Sd6: Th1+). Solche Schachtourneen, wie sie im Herbst 1900 Lasker und Maroczy gemeinsam durch europäische Orte unternahmen, trugen viel dazu bei, das Niveau des Schachspiels zu heben.

Amateure

Die Bezeichnung »Amateur« als Partner eines Meisters stellt für den Berichterstatter oft eine Notlösung dar; entweder war nachträglich der Name des betreffenden Spielers nicht mehr ausfindig zu machen, oder der Verlierer wünschte auf diese Weise anonym zu bleiben.
Bei Vorstellungen großer Meister kann der »Amateur«-Gegner aber durchaus seriös sein, so zum Beispiel bei der Simultanvorstellung von Frank Marshall 1922 in Montreal. Nach dem Ende der Vorstellung mit 155 Partien in 7½ Stunden wiederholte Marshall die Züge von 153 Partien aus dem Gedächtnis! Wird so eine Partie lokal abgedruckt, muß eben Herr »N. N.« oder der »Amateur« als Partner des Meisters herhalten.
Nicht mit »Amateur« oder »N. N.« brauchten sich die Partien von Paul Morphys Blindvorstellung zu schmücken. Die acht Namen jener legendären Blindvorstellung vom 27. September 1858 im Café de la Regence in Paris sind mit ehernen Lettern verewigt worden. Am nächsten Morgen um 7 Uhr fragte der 21jährige Morphy seinen Sekretär F. M. Edge, ein Reporter der »New York Times«, ob er ihm die Züge aller acht Partien diktieren solle! So sind die Partien und Namen der Gegner für alle Zeiten festgehalten.
Das Ergebnis +6, =2.

Analyse

Die Analyse einer Stellung oder einer Partie dient dem Schachspieler dazu, die Besonderheit der Zusammenhänge aufzudecken. Eine Stellung wird analysiert, damit die beste Fortsetzung (in Angriff oder Verteidigung) herausgefunden werden kann. Analyse bedeutet Untersuchung der Möglichkeiten, der Chancen. Die verschiedenen Varianten werden dabei gegeneinander abgewogen. Häufig fällt die Arbeit des Analysierens einer im Turnier abgebrochenen Partie den Sekundanten eines Meisters zu. Man erinnere sich nur daran, daß der sowjetische Weltmeister Boris Spassky 1972 beim Zweikampf mit Fischer ein ganzes Team von Betreuern und Sekundanten in Reykjavik dabei hatte. Sein Sekundant, Großmeister E. Geller, legte damals beim Veranstalter jenen berüchtigten Protest ein, Fischer arbeite mit geheimen elektronischen Kräften. Die Untersuchung des Drehstuhles und die »Analyse« der Beleuchtungskörper brachte dann »zwei tote Fliegen« ans Tageslicht!

Anziehender
Der Weiße.

Anzug
Der erste Zug von Weiß.

Anzugsvorteil
Wer mit Weiß die Partie eröffnet, hat den Anzugsvorteil. Weiß kann in der Eröffnung eher als der Nachziehende – also Schwarz – den weiteren Spielverlauf festlegen. Die Statistiken fast aller Schachturniere beweisen eindeutig die Vorrangstellung der weißen Farben, denn meist wird mit Weiß die doppelte Anzahl von Siegen erzielt als mit Schwarz. Zwei Beispiele:
Beim Aljechin-Gedenkturnier in Moskau 1967 endeten von den 153 Partien der 16 Teilnehmer 103 mit Remis. Das sind 67%! Großmeister Salo Flohr schrieb dazu: »Dieses Turnier hat wieder gezeigt, daß die Teilnahme von Nur-Großmeistern keinen schöpferischen Erfolg garantiert. Im Gegenteil: gute Beziehungen untereinander – und deshalb rasches friedliches Remis; zu großer Respekt voreinander – und deshalb rasches friedliches Remis.« Hier liegt übrigens die Hauptursache der vielen und abträglichen Remisen.
Hat sich daran viel geändert bis heute? Im Jahr 1973 betrug die Remisquote bei der sowjetischen Landesmeisterschaft immer noch 65%, 1974 aber mit der anrückenden Wachablösung junger Großmeister nur noch 52,5%. Bei der 43. Landesmeisterschaft der SU in Erewan 1975/76 wurde die Remisquote weiter nach unten gedrückt auf 45%. Als Vergleich sind die sowjetischen Landesmeisterschaften herangezogen, weil sie in der Regel die stärksten Turniere des Jahres in der Welt darstellen. In Erewan 1975/76 wurden 52 Partien mit Weiß gewonnen (=78,8%) und nur 14 Partien mit Schwarz (=21,2%).
Es muß aber klar gesagt werden, daß der Vorteil von Weiß keinesfalls daran allein die Schuld trägt. Vielmehr handelt es sich um ein psychologisches Problem. Wer Weiß hat, rechnet eher mit einem Sieg gegen einen ungefähr gleichwertigen Gegner. Mit Schwarz aber wird von Beginn an auf Sicherheit gespielt und als Wunschziel das Remis angesteuert. Bei der weitverbreiteten Vorliebe für den Anzug handelt es sich im Wesentlichen auch um ein *Vorurteil!* Unter gleichstarken Meistern dürfte der Anzugsvorteil jedenfalls nicht so stark ins Gewicht fallen.

Auslosung
In Turnieren und Mannschaftskämpfen, in denen mehrere Runden gespielt werden, wird vor Be-

ginn die Auslosung der einzelnen Paarungen vorgenommen (siehe »Wie wird ein Schachturnier aufgezogen?« S. 117).

Bauer

Der Bauer zieht nur geradeaus – ein Zurück gibt es nicht. Im allgemeinen zieht er um ein Feld vor, nur aus der Grundstellung heraus ist ihm ein Doppelschritt erlaubt. Er schlägt stets vorwärts schräg ein Feld weit. Der Bauer hat die Möglichkeit, sich in eine beliebige Figur der eigenen Farbe (König ausgeschlossen) zu verwandeln, wenn er die 8. Reihe (weißer Bauer) oder die 1. Reihe (schwarzer Bauer) erreicht. Der Bauer kann »en passant« (d. h. »im Vorbeigehen«) schlagen. Man unterscheidet: Königsbauer, Damenbauer, Turmbauer (Steinitz sagte einmal: »Der Eckbauer ist der stärkste Bauer! Er ist am weitesten vom gegnerischen König entfernt«.), Läuferbauer und Springerbauer. Es sind die Bauern, die vor den entsprechenden Figuren in der Grundstellung stehen. Die Eröffnungen werden nach dem ersten Bauernzug bezeichnet. Man spricht von Königsbauereröffnungen oder von Damenbauereröffnungen.

Bedenkzeit

Im Turnier, auch bei Blitzturnieren, ist die Bedenkzeit, die ein Spieler verbrauchen darf, fest vorgeschrieben. Die Bedenkzeit wird nicht für einzelne Züge festgelegt, sondern für 40 oder 50 Züge in den ersten vier oder fünf Stunden. In der Bundesliga beträgt die Bedenkzeit 2½ Stunden für 50 Züge, bei anderen Meisterschaftskämpfen 2 Stunden für 40 Züge. Nach Ablauf der ersten zwei Stunden wird die Zeit stündlich festgesetzt. Sie beträgt danach für jede weiteren 16 Züge eine Stunde. In früheren Jahrzehnten war die Bedenkzeit auf Turnieren etwas reichlicher bemessen. In Hastings 1895 wurden erstmals zwei Stunden für 30 Züge festgesetzt, eine Regelung, die bis etwa 1920 übernommen wurde.
Es steht dem Spieler frei, wie er seine Bedenkzeit bis zur Zeitkontrolle nach vier oder fünf Stunden einteilt. Wichtig ist nur, daß vor Ablauf der Bedenkzeit von zwei Stunden der 40. Zug ausgeführt ist. In der Regel wird der Spieler in der Eröffnung rascher ziehen, um nachher beim Mittelspiel oder für das Endspiel etwas mehr Zeit zur Verfügung zu haben. Die Zeitkontrolle wird für jeden Spieler durch die Schachuhr ausgeübt, eine Doppeluhr, die mit einer besonderen Vorrichtung versehen ist. Wer seine Bedenkzeit überschreitet, hat die Partie verloren. Man spricht dann von »Zeitüberschreitung«.

Beim 1. Internationalen Schachturnier in London 1851 gab es noch keine vorgeschriebene Bedenkzeit. Der zweite Sieger, der Engländer Williams, brauchte einmal 2½ Std. für einen Zug! Sein Gegner Wyvill war inzwischen eingeschlafen und mußte geweckt werden, als er am Zug war.
Wer rascher zieht und seine Bedenkzeit nicht voll benötigt, erhält diese selbstverständlich »gutgeschrieben«. Bei der Deutschen Meisterschaft 1953 in Berlin spielte Großmeister Unzicker, der Sieger des Turniers, gegen mich so schnell, daß beim Abbruch nach 5 Stunden bereits 72 Züge gemacht waren.

Beratungspartie
(Konsultationspartie)

Partien, in denen sich zwei oder mehr Spieler einer Seite beraten, vorwiegend in der Zusammensetzung, daß ein oder zwei bekannte Meister zusammen mit einem oder zwei Amateuren gegen eine andere gleiche Gruppe spielen. Beratungspartien wurden früher häufig in den Schachvereinen ausgetragen, vor allem wenn ein oder zwei Meisterspieler zu Gast waren. Noch bis Ende der Dreißiger Jahre zählten Beratungspartien zu einer beliebten Übung, früher sogar auf großen Schachturnieren. So spielten schon Morphy und Genossen gegen Staunton und Genossen im Jahre 1858 in London. Der praktische Ablauf wird so gehandhabt, daß sich die zwei oder drei Spieler einer Partei gegenseitig beraten, welcher Zug nun gemacht werden soll. Sind die verschiedenen Argumente gegeneinander abgewogen, wird man sich zuletzt auf einen Zug einigen (müssen) und diesen der Gegenpartie durch Kurier oder Zuruf mitteilen. Selbstverständlich spielen die zwei Parteien räumlich getrennt und auf separaten Brettern. Der Vorteil dabei ist, daß jeder Zug probiert werden kann, und der führende Meister seine Mitspieler berät, weshalb er für diesen und nicht für jenen Zug plädiert. Eine Beratungspartie mit je einem Meister auf jeder Seite ist auch für die Zuschauer interessant, denn sie können die einzelnen Argumente beider Parteien verfolgen (Kiebitze sind natürlich zu Neutralität verpflichtet!). Es wird mit Zeitbeschränkung wie bei normalen Turnierpartien gespielt, jede Partei spielt auf eigenem Brett mit eigener Schachuhr.
Nicht gut beraten waren die englischen Meister mit Weiß, die im Rahmen des Schachkongresses von Hastings 1897 diese Beratungspartie schafften:

Weiß: Bird und Dobell
Schwarz: Gunsberg und Locock

1.f2—f4 e7—e5
2.f4xe5 d7—d6
3.e5xd6 Lf8xd6

Der Zug 1.f4 wird heute noch nach dem englischen Meister »Bird-Eröffnung« genannt. Die Gegner wandten dagegen ein Gambit an, das sich bis in unsere Tage größter Beliebtheit erfreut, das »Froms Gambit«.

4.Sg1—f3 g7—g5
5.c2—c3

Richtig ist 5.d4 g4 6.Se5 usw.

5.... g5—g4
6.Dd1—a4+ Sb8—c6
7.Sf3—d4 Dd8—h4+
8.Ke1—d1 g4—g3
9.b2—b3?

Es ist nicht immer gesagt, daß wenn sich zwei Meister beraten, mehr gesehen wird als wenn nur einer spielt. Der folgende Einschlag war jedoch nicht so leicht zu sehen.

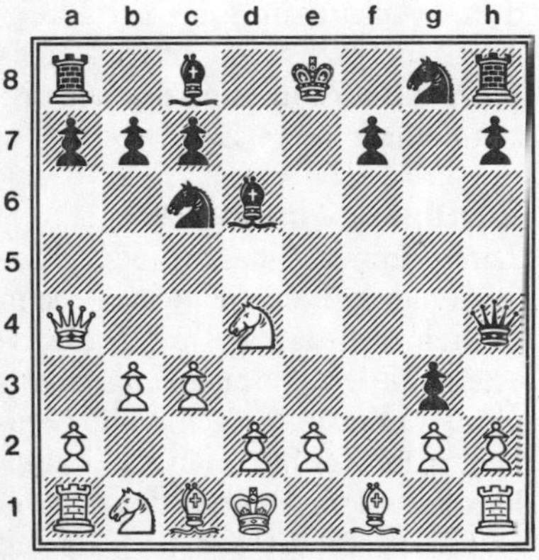

Stellung nach 9.b2—b3?

So unlogisch sieht der weiße Zug b3 nicht aus, denn Weiß beabsichtigt den Tausch Sc6: mit gleichzeitigem Angriff auf die sDh4 (wobei Schwarz tauschen müßte und das weiße Spiel vorteilhaft entlastet wäre).

9.... Dh4xh2!!

Frech setzt sich die Dame vor den Turm, der gar nicht fliehen kann.

10.Th1xh2 g3xh2 0 : 1

Denn auf h1 entsteht eine neue Dame. Harmlos bleibt 11.Sc6: h1D 12.Se5+ Kf8 und bei Weiß hängen zwei Figuren (Lf1 und Se5).

Viel gelernt hat der Leser also nicht von diesen sich gegenseitig beratenden Meistern, die aber mehr eine Werbung für das Schachspiel sind, denn auf beiden Seiten kiebitzen ja auch immer ganze Gruppen mit und lernen dabei von den Argumenten der Meister. Die folgende Konsultationspartie von Budapest 1921 hatte auf beiden Seiten ganze Trauben von Meistern zu Gegnern. Alexander Aljechin war gerade aus der Sowjetunion ausgereist, um sich im Westen die ersten Sporen zu holen.

Weiß: Aljechin, Sämisch, Dr. Tartakower, Vajda

(Diagramm nächste Seite)

Schwarz: Bogoljubow, Grünfeld, Kostic, Abony, Sterk

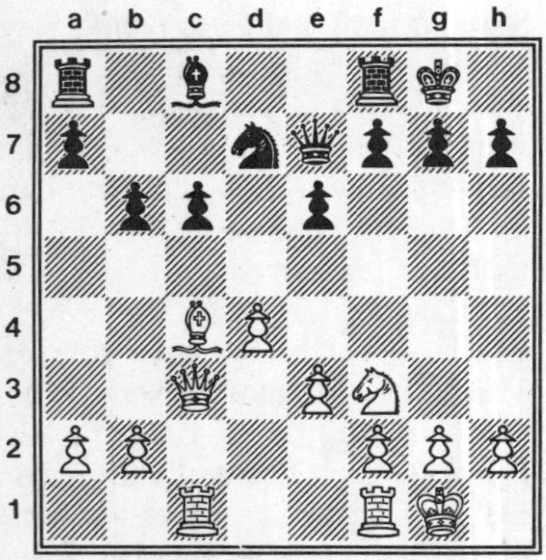

Stellung nach dem 12. Zug

Das Wort zur Kommentierung erhält Dr. Tartakower:
Schwarz droht mit Lb7 nebst c6—c5 zum Gegenspiel zu gelangen. Er hat in dieser geschlossenen Eröffnungsvariante ein von Capablanca empfohlenes Verteidigungssystem angewandt, das keine Schwächen aufweist; es handelt sich also für Weiß darum, ihm solche von Amts wegen zu schaffen. Dies wurde durch folgendes zusammenkombinierte Damen- und Springermanöver erreicht: 13.Dc3—d3!
Würde dieser Zug für keinen höheren Zweck geschehen, so wäre er als unnützes Herumziehen mit der Dame zu verpönen und durch irgendeinen schablonenhaften Entwicklungszug, wie z. B. 13.Tf1—d1 zu ersetzen. Seine Aufgabe ist es aber, die Drohung Lc4—a6 zu schaffen, womit die wichtigste Verteidigungs- und Gegenangriffsfigur von Schwarz vom Brett verschwinden würde.

13.... Tf8—d8

Droht eventuell Sd7—c5, dessen Drohung aber Weiß sanft ausweicht:

14.Dd3—e2 a7—a6

Nun ist das schwarze Bauerntrio (a6/b6/c6) schwach geworden und wird als solches von Weiß gebrandmarkt.

15.Lc4—d3 Lc8—b7
16.Ld3—e4 Ta8—c8
17.Sf3—d2 e6—e5

Schwarz muß dem drohenden f2—f4 zuvorkommen. (Auf 17....Sf6 würde 18.Ld3 ohne Tempoverlust folgen.) 18.Sd2—c4
Hiermit ist der schwarze Damenflügel dauernd paralysiert (da auf b6—b5 Sa5 eventuell folgen würde). Weiß gewann in der Folge durch Ausnutzung der geschaffenen Bauernschwäche unter gleichzeitiger Beunruhigung des schwarzen Königs im 33. Zug.

Berufsschachspieler

Zum Thema Amateur oder Professional hat es nicht nur beim Schach, sondern bei allen Sportarten Auseinandersetzungen bis in die jüngste Zeit hinein gegeben. Die Ostblockländer haben hier mit dem Begriff des Staatsamateurs Pionierarbeit geleistet. Weltmeister Dr. Botwinnik sagte

1960 in einem Interview mit dem »Hamburger Abendblatt« dazu: »Es gibt Leute, die den Großmeistern gern Professionalismus vorwerfen. Sie verkennen dabei das Schachspiel. Wenn jemand heute Meistern wie Beethoven, Paganini oder Prokofieff und Oistrach vorhalten würde, daß ihre Kunst auch ihr Beruf ist, so würden die Musikfreunde einen derartigen Vorwurf für merkwürdig halten. Heute dürfen nur Schachignoranten es den Großmeistern verübeln, wenn sie ihr Leben dem Schach widmen. Die große Menge der wahren Schachfreunde will schöne, gehaltvolle Partien sehen und interessiert sich nicht dafür, ob der Großmeister vor dem Turnier täglich ins Büro geht oder ob er sich auf das Spiel vorbereitet. Ein starker Großmeister braucht eine lange Zeit – etwa zehn Jahre – für seine Entwicklung. In dieser Zeit des Reifens muß er in internationalen Turnieren Erfahrungen sammeln und sich mit den modernen Methoden des Schachstudiums befassen.«

Was ein Schachmeister verdienen kann

Was ein Turnierspieler verdienen kann? Dazu die Preise vom Großturnier von Las Palmas auf Gran Canaria 1976: 1. Preis 150 000 Peseten = 5360,– DM, 2. Preis 110 000 P. = 3905,– DM und weiter gestaffelt mit 90 000, 70 000, 60 000, 50 000 Peseten usw. bis zum letzten Preis, dem 16. mit noch 10 000 Peseten. Dazu drei Sonderpreise für die schönste Partie, das beste Endspiel und die beste Angriffspartie. Außerdem erhält jeder Teilnehmer ein Taschengeld von 300,– DM, dazu freien Flug und Aufenthalt für die Dauer des Turniers. Auf den verschiedenen Turnieren, die in den USA und Europa abgehalten werden, ist es aber immer nur eine bestimmte Anzahl von Schachmeistern, die Einladungen erhalten. Diesem »Schachzirkus« darf man ungefähr fünfzig Großmeister und Meister zurechnen. Sehr viel bescheidener sind die Geldpreise bei einer Internationalen Deutschen Schachmeisterschaft, die alle zwei Jahre ausgetragen wird. Neben freiem Aufenthalt sind die Geldpreise, 1. Preis 2 500,– DM, nach unten gestaffelt. Die Preise von der Nationalen Deutschen Meisterschaft fallen dagegen kaum ins Gewicht. Aber bei diesen Teilnehmern handelt es sich ja auch um reine Schachamateure, die alle einen Beruf ausüben. Die Bundesrepublik Deutschland und die Schweiz gehören aber zu den Ländern, die gerne von Schachmeistern des Ostblocks für Simultanvorstellungen besucht werden. Das Honorar pro Vorstellung beträgt für

Spassky, Petrosjan, Tal oder Kortschnoj 1 000,– DM pro Abend. Es sind aber immer nur Schachspieler der Weltelite, die als Berufsspieler ihren Lebensunterhalt bestreiten können.
Im übrigen gehen in der Sowjetunion alle Schachmeister einem Beruf nach.

Berührt-geführt

Ohne daß Schachspieler die Regeln der FIDE kennen, wissen sie, daß die Regel »berührt – geführt!« verbindlich ist. Berührt ein Spieler einen Stein, ohne dies vorher anzukündigen (in der Absicht, nur Steine auf dem Brett zurechtzurücken), so muß er mit diesem Stein auch ziehen. Es widerspricht den sportlichen und moralischen Begriffen, einen Zug zurückzunehmen oder mit einem berührten Stein nicht zu ziehen. Einzelheiten sind in Artikel 8 der Spielregeln des Weltschachbundes »Der berührte Stein« aufgeführt (S. 137)

Berufung

Nur kurz ein Wort über die Meister, die im Schachspiel nicht einen Beruf sehen, sondern sich berufen fühlen. Adolph Anderssen, der deutsche Schachheros, würdigte Morphys Auffassung 1858: »Morphy behandelt das Schach mit dem Ernst und der Gewissenhaftigkeit eines Künstlers; denn wenn uns die Anstrengung, die eine Partie kostet, nur eine Sache des Vergnügens ist . . . so ist sie ihm dagegen eine heilige Pflicht, und nie ist ihm eine Partie Schach bloßer Zeitvertreib, sondern immer ein würdiges Problem, immer gleichsam ein Akt, durch welchen er seine Mission erfüllt«.

Blindenschach

Blinde Schachfreunde können sehenden Schachspielern als gleichwertige Partner gegenübertreten. Der Blindenschachbund ist daher auch dem Deutschen Schachbund angegliedert und darf mit einer Mannschaft sogar an der offiziellen Deutschen Vereinsmeisterschaft teilnehmen. Der blinde Schachspieler hat ein kleineres Turnierbrett zur Verfügung, auf dem die hellen und dunklen Felder unterschiedlich hoch gearbeitet sind. Die Steine sind unten mit Stiften versehen, die in Vertiefungen gesetzt werden. Die schwarzen Steine sind mit Metallköpfen ausgestattet. Sie fühlen sich kühler an als die hölzernen weißen. Der blinde Spieler kann die Stellung auf dem Brett abtasten. Die Züge werden in Brailleschrift von ihm aufgezeichnet.
Für das Turnierschach zwischen sehenden und blinden Spielern ist das Spielen an zwei Brettern vom DSB vorgeschrieben. Blinde Spieler benützen eine eigene Blinden-

schachuhr, auf der die Zeit abgetastet werden kann.
Anschrift des Deutschen Blinden-Schachbundes:
H. Ueckermann, Alter Postweg 22, 4930 Detmold.
Ein blinder Schachfreund spielt »blind«. Selbstverständlich können blinde Schachfreunde auch ohne Ansicht von Brett und Figuren »blind« spielen. Das ereignete sich bei der Blinden-Weltmeisterschaft 1970 in Ermelo (Holland). Dort spielte der Amerikaner Sandrin seine sämtlichen Partien aus dem Gedächtnis. Der Schweizer Meister Paul Müller hat damals in den »Basler Nachrichten« diese Gewinnpartie veröffentlicht:

Weiß: Sandrin (USA)
Schwarz: Labin (Spanien)

1.e2—e4	c7—c5
2.Sg1—f3	d7—d6
3.d2—d4	c5xd4
4.Sf3xd4	Sg8—f6
5.Sb1—c3	a7—a6
6.Lf1—c4	e7—e6
7.Lc1—e3	b7—b5
8.Lc4—b3	b5—b4
9.Sc3—a4	Lf8—e7

Jetzt und auch in den nächsten Zügen vermeidet Schwarz das Nehmen des Be4, weil die Fortsetzungen des Angriffs von Weiß entsprechend analysiert sind (f2—f4 usw.). Trotzdem hätte sich Schwarz die Sache ja zeigen lassen können – hätte der Blindspieler ebensogut kombiniert wie der blinde Schachfreund mit Brett und Figuren?

10.Dd1—e2	Lc8—d7
11.0—0—0	Dd8—a5
12.Sa4—b6!	

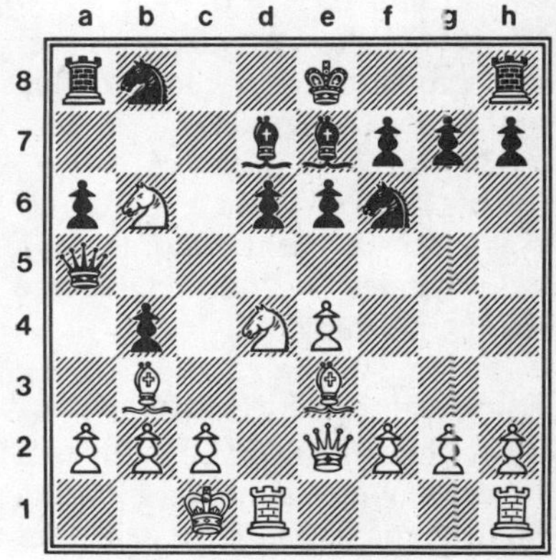

Stellung nach 12.Sa4—b6!

12....	Da5xb6
13.Sd4xe6	Db6—a5

Er hätte sich auf den Tausch der Dame gegen drei Leichtfiguren einlassen können: 13....De3:+ 14.De3: fe6: usw.

14.Se6xg7+	Ke8—d8
15.f2—f4	Th8—g8
16.e4—e5!	Tg8xg7
17.e5xf6	Le7xf6
18.Td1xd6	Da5—f5
(Lb6+ drohte)	
19.Le3—b6+	Kd8—c8
20.De2—c4+	Sb8—c6

Schwarz muß schon die ersten

Rückopfer machen, um dem Matt auszuweichen. Seine Taktik hat sich als zu passiv erwiesen.

21.Td6xc6+ Kc8—b7

22.Tc6xf6 Ta8—c8

Es drohte schon wieder Matt.

23.Dc4—d4 Df5—b5

24.Lb3—d5+ Ld7—c6

Weiß wickelte jetzt ab, wobei er mit großem materiellen Vorteil verbleibt.

25.Tf6xc6 Tc8xc6

26.Ld5xc6+ 1 : 0

Auch der Tg7 geht verloren. Von dem blinden »Blindspieler« eine schöne Leistung.

Blindspiel (Blindsimultan)
Spiel ohne Ansicht von Brett und Figuren. Werden mehrere Partien blind gespielt, handelt es sich um eine Blindvorstellung oder Blindsimultanvorstellung. Den Weltrekord im Blindsimultanspiel hält der ungarische Meister Janos Flesch. Er brach den Weltrekord Najdorfs von 45 blind gespielten Partien von 1947 in Sao Paulo und schraubte ihn dreizehn Jahre später auf 52 Partien! In Budapest 1960 spielte Janos Flesch unter einer Jury mit einem Intern. Schiedsrichter gleichzeitig 52 Partien blind. Nach nur 13 Stunden war das Resultat: 31 Siege, 18 Unentschieden, 3 Niederlagen. (Angaben von Flesch in „Das Mittelspiel im Schach" bei Franckh. Falsch sind also die Angaben im „Großen Schachlexikon" von Lindörfer.)

Die Technik einer Blindsimultanvorstellung läuft so ab: Der Blindspieler sitzt mit dem Rücken zur Spielerfront, ohne irgendeine Stellung zu sehen oder selbst Brett oder Figuren zu benützen — er spielt also „blind". Die Zugfolge geschieht wie beim Simultanspiel, von Brett zu Brett (zieht Brett 6, muß danach Brett 7 seinen Zug ausführen). Die Züge werden vom Spielleiter und vom Blindspieler laut angesagt. Der Meister spielt meist mit Weiß; er wählt Gruppen von Eröffnungen: etwa Brett 1 – 5 nur 1.e2—e4, Brett 6 – 10 nur 1.d2—d4, Brett 11 – 20 nur wieder 1.e2—e4 usw. Sind 15 Züge absolviert, wiederholt der Meister an allen Brettern die Stellung durch Diktat. Der Blindspieler hat keineswegs bei jedem Zug das gesamte Brett vor seinem geistigen Auge. Der englische Meister J. H. Blackburne erklärte dazu: »Für einen guten Schachspieler kommt weder die Farbe der Felder noch die Form der Figuren beim Blindspiel in Betracht, sondern einzig deren Bedeutung.«

Immer wieder staunt der Laie über die ungeheuerliche Fähigkeit des Schachspielers, gleichzeitig mehrere oder viele Partien ohne Ansicht des Brettes zu spielen. Dabei tut der Schachspieler am Brett eigentlich auch nichts anderes als fortwährend blindspielen! Besonders zum guten Schachspieler gehört die Fähigkeit, die Möglichkeiten im voraus zu berechnen und zu übersehen, ohne daß dabei die Steine verrückt werden dürfen.

»Der Mann ist ja gar nicht blind....«

Eine Partie aus einer Blindsimultanvorstellung des belgischen Meisters George Koltanowski, der 1974 das US-Schachteam zur Schacholympiade in Nizza als Mannschaftsführer begleitete. Koltanowski ist seit 1930 Amerikaner und stellte nach Reti und Aljechin mit 35 Partien den Weltrekord im Blindsimultanspiel auf, bevor Najdorf 1947 die Leistung überbot.

Weiß: G. Koltanowski
Schwarz: N. N.
Vorstellung in New Haven 1955

1.e2—e4	c7—c5
2.c2—c3	d7—d5
3.e4xd5	Dd8xd5
4.d2—d4	c5xd4
5.c3xd4	Sb8—c6
6.Sg1—f3	Lc8—g4
7.Sb1—c3	Dd5—d8
8.d4—d5	Lg4xf3

Ja nicht in die Falle des Meisters laufen mit 8....Se5? 9.Se5:! Ld1: 10.Lb5+ und Weiß gewinnt die Dame zurück bei Figurenplus. Ein bekanntes Damenopfermotiv in ähnlichen Eröffnungen.

9.Dd1xf3	Sc6—e5
10.Lf1—b5+	Se5—d7
11.0—0	Sg8—f6
12.Lc1—g5	a7—a6
13.Lb5—a4	b7—b5
14.La4—b3	g7—g6
15.d5—d6	h7—h6
16.Lg5xf6	Sd7xf6
17.d6—d7+!	

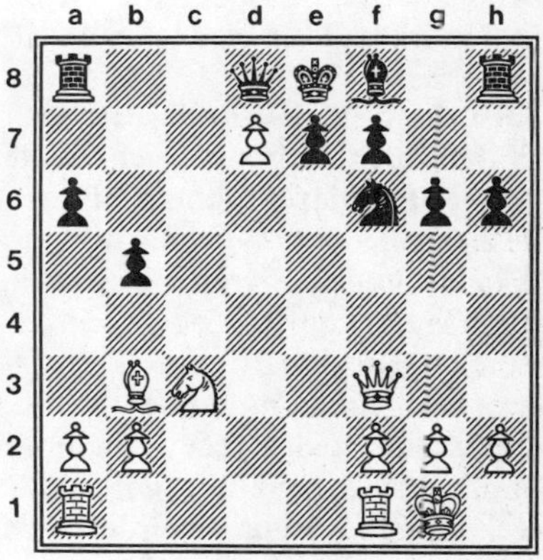

Stellung nach 17.d6—d7+!

1 : 0 Das Bauernschach mit dreifach möglicher Antwort für Schwarz sah der Meister sofort, auch ohne Ansicht des Brettes: Schwarz gab auf, denn bei 17....Sd7: folgt 18.Df7:+, bei 17....Dd7: 18.Da8:+ fällt der Turm, und nach 17....Kd7: 18.Tfd1+ würde zunächst die Dame verloren gehen.
Der Amerikaner blies während

der Vorstellung in einem Nebenraum zigarettenrauchend blaue Wölkchen in die Luft. Als ein Kurier gerade die Züge von einigen Brettern aus dem Spielsaal überbrachte (»Brett 3 zieht Sf6 nach e4, Brett 17 rochiert, Brett 12 bietet Remis an« usw.), sah eine hübsche Besucherin der Vorstellung zum Meister herüber. Die Dame forderte ihr Geld zurück: »Der Mann ist ja gar nicht blind – er hat mir gerade zugezwinkert!«

Blitzturnier (Schnellturnier)
Blitzturniere erfreuen sich heute großer Popularität, und sie finden fast an jedem Wochenende an kleinen und größeren Orten statt, für Mannschaften oder Einzelspieler. Die Blitzturniere, bei denen man auf Kommando alle fünf Sekunden einen Zug machen mußte, sind ganz aus der Mode gekommen. Heute werden die Blitzturniere mit den normalen Schachuhren gespielt, wobei pro Spieler und Partie eine Bedenkzeit von fünf oder sieben Minuten festgesetzt wird. Genau wie im Turnier hat jeder Spieler seine eigenen 5 (7) Minuten auf der Uhr zur Verfügung. Wer zuerst die Zeit überschreitet, hat die Partie verloren, sofern vorher nicht schon ein Ergebnis zustandegekommen ist. International sind bereits genaue Regeln für solche Blitzturniere festgelegt worden. Der Leser findet auf S. 158 die Regeln für die Dt. Blitzmeisterschaft. Schnellturniere können auch mit anderer Bedenkzeit durchgeführt werden, zum Beispiel wird eine Bedenkzeit von 1 Stunde pro Partie und Spieler festgesetzt. Auf diese Weise wird es möglich, an einem Wochenende ein Turnier mit 7 oder 8 Runden abzuwikkeln. Sind einzelne Partien nach zwei Stunden nicht beendet, müssen diese als Blitzpartie mit 5 Minuten Bedenkzeit zu Ende gespielt werden.

Blockade
Der Begriff der Blockade gehört zum strategischen und zum technischen Bereich des Schachspiels. Eine Blockierung oder Blockade kann immer nur gegen Bauern ausgeübt werden, die beim weiteren Vorgehen feindlicher Steine blokkiert werden. Meistens werden Freibauern blockiert, wobei der Springer die ideale Blockadefigur darstellt:
Weiß: Kf1 Tb1 e2 Lf3 Ba2 d5 e4 f2 g3 h2; Schwarz: Kg7 Tc4 c8 Sd6 Ba7 b7 e5 f7 g6 h7 Partie Eliskases-Flohr, Baden-Baden 1937. Stellung nach dem 24. Zug; Schwarz gewann im 57. Zug.
Ein blockiertes Zentrum ergibt sich in der Französischen Verteidigung:

1.e2—e4	e7—e6
2.d2—d4	d7—d5

3.Sb1—c3	Sg8—f6
4.Lc1—g5	Lf8—e7
5.e4—e5	Sf6—d7
6.Lg5xe7	Dd8xe7
7.f2—f4	

Eine Blockadepartie sehen wir in der Begegnung des Weltmeisters Karpow gegen Großmeister Unzicker, Mailand 1975:

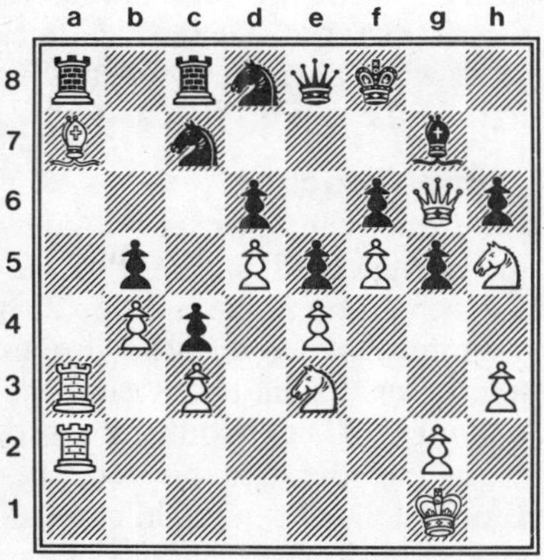

Schlußstellung nach 44.Sg3—h5!

Erst eine Figur und ein Bauer sind getauscht. Aber die total blockierte schwarze Stellung ist derart gelähmt, daß Schwarz bei fast noch vollem Brett und ohne materiellen Nachteil verloren ist. Wie es dazu kam?

1.e4 e5 2.Sf3 Sc6 3.Lb5 a6 4.La4 Sf6 5.0—0 Le7 6.Te1 b5 7.Lb3 d6 8.c3 0—0 9.h3 Sa5 10.Lc2 c5 11.d4 Dc7 12.Sbd2 Sc6 13.d5 Sd8 14.a4 Tb8 15.ab5: ab5: 16.b4 Sb7 Eine vielfach vorkommende Stellung aus der Tschigorin-Verteidigung der Spanischen Partie. Schwarz hätte besser 16....Se8 gespielt.

17.Sf1 Ld7 18.Le3 Ta8 19.Dd2 Tfc8 20.Ld3 g6 21.Sg3 Lf8 22.Ta2 c4(?) 23.Lb1 Dd8 24.La7! Se8 25.Lc2 Sc7 26.Tea1 De7 27.Lb1 Le8 28.Se2 Sd8 29.Sh2 Lg7 30.f4 f6 (besser ef4:) 31.f5 g5 32.Lc2 Lf7 33.Sg3 Sb7 34.Ld1 h6 35.Lh5 De8 36.Dd1 Sd8 37.Ta3 Kf8 38.T1a2 Kg8 39.Sg4 Kf8 40.Se3 Kg8 41.Lf7: Sf7: 42.Dh5 Sd8 43.Dg6 Kf8 44.Sh5 1 : 0.

Der Zugzwang für Schwarz in der blockierten Stellung ist verderblich. Tauscht Schwarz auf g6, so dringt der andere Springer siegreich nach f5 ein. Im übrigen droht Dg7: matt.

Buchholzwertung

Die Buchholzwertung kommt nur bei Turnieren vor, die nach dem Schweizer Rundensystem ausgetragen werden. Die »Buchholzzahl« geht auf den Schachspieler Buchholz zurück, der in den zwanziger Jahren dieses Wertungssystem erfand. Man benützt es, wenn bei einem Turnier nach Schweizer System (wo also nicht jeder gegen jeden spielt, wie in einem Rundenturnier) mehrere Teilnehmer punktgleich sind. Von vornherein wird vereinbart, daß – allein schon aus Zeitmangel – keine Stichkämpfe (z. B. um Platz 1 bis 3) ausgetragen werden

können, oder um eine weitere Rangfolge für spätere Qualifikationen festzulegen.
Um nun die genaue Rangfolge punktgleicher Teilnehmer zu ermitteln, tritt die Buchholzwertung in Aktion:
Den punktgleichen Spielern werden die Punkte aller Gegner dazugezählt, gegen die sie gespielt haben, egal, ob sie gegen diese Gegner gewonnen, verloren oder remis gespielt haben. Damit wird nämlich honoriert, ob ein Spieler gegen schwächere oder stärkere Teilnehmer anzutreten hatte. Wenn also ein Spieler gegen einen auf Rang 2 verloren hat, bekommt er dessen Punkte ebenso gutgeschrieben, wie beispielsweise von dem Spieler auf Rang 26, gegen den er gewonnen hat. Das Zusammentreffen mit der stärkeren Gegnerschaft wird gewertet. Wer am Ende unter punktgleichen Spielern die höhere Buchholzpunktzahl aufweist, rangiert vor den anderen Spielern mit der niedrigeren Buchholzpunktzahl. Ergibt sich auch dann noch Punktgleichheit (was z. B. bei 36 Teilnehmern einer Deutschen Meisterschaft regelmäßig vorkommt), dann gibt die direkte Begegnung den Ausschlag; hat es eine solche nicht gegeben oder ging sie unentschieden aus, entscheidet die größere Anzahl von Siegen. Bei erneutem Gleichstand muß das Los entscheiden (s. a. Turnierordnung der Deutschen Schachmeisterschaft).

Check, Chess

Auf englisch heißt das Schachspiel = Chess. Eine Schachpartie wird als Game bezeichnet. Wird Schach geboten, heißt der Ausdruck nicht Chess, sondern Check! Ist der Gegner mattgesetzt, wird mate geschrieben. Für Patt steht das Wort stalemate.

Computerschach

Die amerikanischen Computerspezialisten S. Ulam und P. Stein, die sich schon lange mit der Programmierung von Schachrobotern beschäftigen, trafen die Feststellung: »Die vollkommenste Maschine, die uns bis jetzt bekannt ist, ist das menschliche Gehirn!« An vielen Universitäten der ganzen Welt bemühen sich Experten und Schachspieler, Rechenautomaten zu guten Schachspielern zu »programmieren«. Beim 1. Computerturnier in Dortmund 1975 siegte unter sieben Programmen das aus Zürich vor dem aus München. Der Stichkampf sah so aus:

Weiß: Tell-Zürich
Schwarz: Daja-München
1.e4 e5 2.Sf3 Sc6 3.Lc4 Sf6 4.Sc3 Lc5 5.0—0 0—0 6.d3 Sg4 7.Lg5 Sf6 8.Lf6: gf6: 9.Sd5 Sd4 10.Sd4: Ld4: 11.Dg4+ Kh8 12.c3 d6

13.Df3 c6 Schnell gewonnen hätte Weiß nach 13.Dh4 mit dem Fall des Bf6. 14.Sf6: Lc5 15.b4 b5 16.bc5: bc4: 17.dc4: dc5:
Eine für Computerpartien typische Bauernstellung! (Ungewöhnlich.) 18.Tfd1 De7 19.Sh5 Le6 20.De2 f5 21.ef5: Tf5: 22.Sg3 Tg5 23.Se4 Tg4 24.Tab1 Tf8 25.Sd6 Dg5 26.f3 Tgf4 27.Se4 De7 28.Tb2 Kg7 29.T2b1 Kg6 30.Td6 Tc8 31.De3 Kg7 32.Dc5: Lc4: 33.Tb2? Der Computer erkennt nicht die Kombinationsreihe 33.Dc4: Te4: 34.De4: Dd6: 35.Dg4+ und der Tc8 fällt. (33.Tg6+ Kf8 bringt nichts.) 33....Kh8 34.g3 Tg8 35.Kf2 Te4: 36.fe4: Ld3 37.Ke3 Tg6? 38.Tc6:? Auch hier sieht die Maschine nicht so weit, wie (fast) jeder Klubspieler: 38.Tb8+! Tg8 39.Tg8:+ Kg8: 40.Tg6+ Kf7 41.Tg7+! mit Gewinn der Dame. 38....Dc5: 39.Tc5: Lf1 40.Tf2 Lh3 41.Te5: Le6.
Und Weiß setzte im 68. Zug matt.

Ein Computer spielt Simultan
Am Institut für Informatik an der Universität Stuttgart arbeitet ein Team, unter der Leitung von Professor Dr. H.-J. Schneider, seit 1974 an einem völlig neuen Programm. »Dieses Programm spielt auf Grundlage der Mustererkennung und versucht, damit die menschliche Spielweise nachzuvollziehen. Mit Hilfe irgendwelcher Muster, die in einer gegebenen Stellung auftreten, d. h. aufgrund entsprechender charakteristischer Merkmale, die dieser Stellung eigen sind, wird in dieser Stellung der »beste« Zug ermittelt. Die Stuttgarter Gruppe hofft, mit diesem System die Spielstärke des Computers gegenüber der zahlreichen Konkurrenz um einiges zu verbessern« (Dr. R. Kurz, Stuttgart).
Die Stuttgarter Anlage hat inzwischen auch simultan gespielt. Von 14 Partien hat die Rechenanlage 9 gewonnen und 5 verloren Eine solche Partie gegen einen der Mitarbeiter:

Weiß: Munz
Schwarz: TR 440
1.d4 d5 2.c4 dc4: 3.e3 b5 4.a4 Ld7 5.b3 ba4: 6.ba4: Le6 7.Sc3 Ld5 8.e4 Lb7 9.Lc4: Sf6 10.d5 e5 11.Sf3 Ld6 12.Tb1 Dc8 13.a5 0—0 14.Sb5.
Zug 1 und 2 waren Bibliothekszüge, d. h. Züge einer fest gespeicherten Eröffnung, hier Damengambit. Weniger als 1 Sekunde benötigte der Computer als Bedenkzeit dazu. Ab dem 3. Zug mußte die Maschine ihre Züge selbst finden. Sie versucht mit aller Macht, den materiellen Vorteil festzuhalten. Das erklärt die schlechten Züge von 3 bis 8. Bis zum 14. Zug benötigte die Maschine 23 Minuten Bedenkzeit, einschließlich der Eingabezeit

und der Zeit, die der Schnelldrukker zur Wiedergabe der Züge benötigt. Der eingestellte Bauer wird jetzt von der Maschine sofort abgeholt. 14....Se4: 15.La3 Sd7? (Mit 15....La3: 16.Sa3: konnte die Qualität gewonnen werden). 16.Dd3 Sdc5 17.Lc5: Sc5: 18.Dc2 e4 19.Sg5 Df5 20.Sd6: cd6: 21.h4 Ld5: 22.Td1 (auf 22.Ld5: käme erst das Zwischenschach Sd3+) 22....Lc4: 23.Dc4: Sd3+ 24.Kd2.

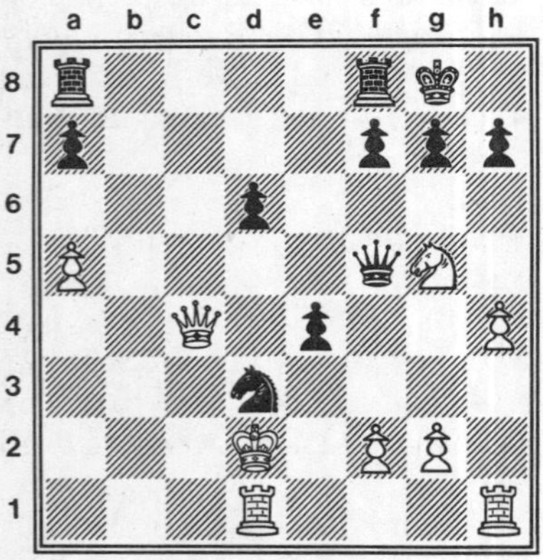

Der Computer setzt in 2 Zügen matt.

24....Df2:+ 25.Kc3 Db2≠
Verbrauchte Zeit: Der Mitarbeiter=60 Minuten und 45 Sekunden. Die Maschine=37 Minuten und 51 Sekunden.
Beim Spiel gegen die Rechenanlage in Stuttgart wird kein Schachbrett benötigt, denn auf dem Bildschirm erscheint auf Wunsch das Diagramm. Was das Programmieren eines Computers für ein Schachprogramm so schwierig macht, ist die Tatsache, daß man bis heute noch nicht weiß, wie der Maschine die menschliche Eigenschaft, Informationen zu verarbeiten, beigebracht werden kann, so daß sie ebenso denken lernt wie der Mensch. Aus diesem Grund spielen alle Computer, sonst als Schnellrechner dem Menschen weit voraus, vorläufig noch etwa ein Schach der 4. Klasse.
Wozu aber die ganze Spielerei an den Universitäten aller Staaten, um dem Computer wenigstens in mäßiger Form die Schachkunst beizubringen?
Die Antwort lautet: Das Schachspiel ist in idealer Weise geeignet, mit Hilfe der Computer hinter das Geheimnis zu kommen, wie das menschliche Gehirn lernt und wie in ihm die Denkprozesse ablaufen. Der Gelehrte W. P. Smilga schrieb 1963 in »Wissen & Kraft«, einer sowjetischen wissenschaftlichen Zeitschrift: »Sowohl beim Schachspieler als auch beim Gelehrten ist die Fähigkeit zum intuitiven Denken die Grundlage des Erfolgs. Das Aufdecken des Mechanismus dieses Denkvorganges, das Zerlegen in zusammengesetzte Komplexe, ist eine der größten ungelösten Aufgaben der modernen Wissenschaft.« (Und so möge

es noch lange bleiben, möchte man hinzusetzen!)

Dame

Sie ist die stärkste Figur. Ihre Zugmöglichkeiten sind denen aller anderen Steine überlegen. Die Dame bewegt sich auf den Linien, Reihen oder Diagonalen, auf denen sie sich befindet; sie kann also waagrecht, senkrecht oder diagonal ziehen. Die Dame kann jeden gegnerischen Stein, der sich in ihrer Reichweite befindet, schlagen.

Damenschach

Das erste Damenschachturnier fand 1866 in England statt. Aber erst beim berühmten Großmeisterturnier von Hastings 1895 gab es auch eine internationale Besetzung (zwei Turniere mit je zehn Spielerinnen!). Beim Internationalen Turnier 1867 in Paris spielten G. Neumann und A. de Rivière je eine Blindpartie gegen zwei sich beratende Gruppen von Damen. De Rivière, der als Partner von Paul Morphy während seines Triumpfes in Europa im Jahre 1859 bekannt war, verlor seine Partie ebenso wie der deutsche Meister Neumann! Heute gibt es eigene Weltmeisterschaften samt den dazugehörenden Zonen- und Kandidatenturnieren im Frauenschach. Der Georgierin Nona Gaprindaschwili wurde 1975 als langjähriger Weltmeisterin von der FIDE der Titel eines Großmeisters verliehen.
Als erste Weltmeisterin galt die Tschechin Vera Menchik, die später in England lebte. Im Jahre 1937 gewann sie einen Wettkampf gegen die Deutsche Sonja Graf:

Schwarz: Sonja Graf

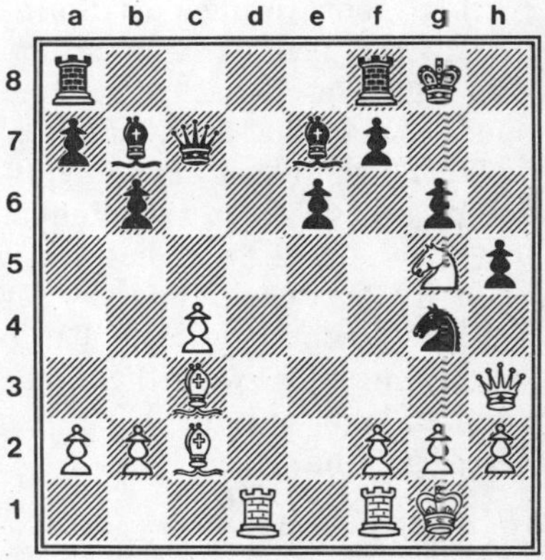

Weiß: Vera Menchik

Weiß zieht – und Schwarz gibt auf!
Wie spielte Vera Menchik? Der erste Blick könnte trügen, Vorsicht ist geboten! (Lösung Seite 48).
In den zwanziger Jahren gab es einen »Miss Menchik-Klub«. In diesen Klub wurden jene aufgenommen, die von der kampfkräftigen Miss auf internationalen Turnieren besiegt wurden. Die Liste wurde vom späteren Welt-

meister Dr. Euwe angeführt, und ihr gehörten weitere erlauchte Namen an wie Becker, Sämisch u. a.
Robert Fischer erbot sich 1965, der regierenden Weltmeisterin Gaprindaschwili in einem Wettkampf einen Springer vorzugeben! Michael Tal kommentierte diese Laune Fischers: »Fischer ist Fischer, aber Springer ist Springer!« Eher glaubte man schon, daß Amerikas Schachgenie eine andere Wette halten könnte. Er wollte Botwinnik in einem Wettkampf auf 24 Partien zwei Punkte vorgeben. (1972 war dies dann beim WM-Match mit Spassky der Fall, als Fischer die erste Partie verdummte, die zweite kampflos verloren gab und dennoch das Match gewann).

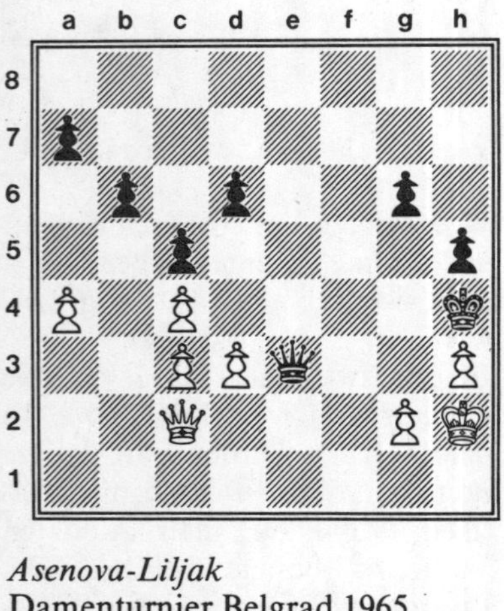

Asenova-Liljak
Damenturnier Belgrad 1965

Weiß am Zuge. Schwarz glaubte wegen der Möglichkeit g6—g5—g4—g3+ Gewinnaussichten zu haben, hätte aber nach *1.d3—d4* am besten Dauerschach Dg3+/De1+ usw. gegeben. Statt dessen spielte die jugoslawische Meisterin *1....g6—g5?* Da knallte die Bulgarin mitten ins Brett ein Damenopfer: *2.Dc2—e4+!! 1 : 0* Denn 2....De4: 3.g3#! Und den Gewinnzug in der Stellung Menchik-Graf haben Sie auch gefunden? Nicht 1.Dh5:?, um nach 1....gh5:? mit 2.Lh7 elegant mattzusetzen. Denn nach 1....Dh2:+! würde der Traum vom Sieg zerrinnen (2.Dh2: Sh2: 3.Kh2: Lg5: remis). Richtig spielte Miss Menchik *1.Td1—d7!! 1 : 0.* Jetzt schlägt nach 1....Dc7xd7 das Damenopfer 2.Dh3xh5! durch. Erst mußte der stille Einleitungszug vorausgehen!
Heute spielen in vielen Schachklubs Mädchen und Frauen, auch wenn die Stellung der Frau bei den Schachspielern noch umstritten bleibt. Sagte doch noch vor einigen Jahren Exweltmeister Botwinnik, als er das schwache Spiel eines Meisters zur Weltmeisterschaftsqualifikation kritisieren wollte: »Ich dachte, ich wäre auf einem Frauenschachturnier ...« Mädchen und Frauen sollten sich einem Schachklub anschließen und bei Mädchen- und Frauenturnieren mitspielen. Frau Anni

Laakmann aus Stuttgart erlernte das Schach erst mit 29 Jahren als Angehörige der Stuttgarter Straßenbahnschachgruppe. Vier Jahre später wurde sie Deutsche Meisterin! 1974, 1976 und 1978 gehörte sie zum Team, das die Bundesrepublik Deutschland bei der Frauenschacholympiade in Kolumbien, Israel und Buenos Aires vertrat!

Dauerschach

(siehe Ewiges Schach)

Doppelbauer

Zwei hintereinanderstehende Bauern gleicher Farbe. Es kommt auf die Stellung der Figuren an, ob ein Doppelbauer eine Schwäche darstellt oder nicht. Zum Vergleich die Abtauschvariante der Spanischen Partie: 1.e4 e5 2.Sf3 Sc6 3.Lb5 a6 4.Lc6: dc6: Der entstandene Doppelbauer öffnete dem Schwarzen zwei Linien auf einen Zug, die d-Linie und die Schräge c8—h3. Der Doppelbauer würde nur im Endspiel eine Schwäche bedeuten, weil Weiß dann über die Bauernmajorität am Königsflügel verfügt.
Sogar ein isolierter Doppelbauer muß nicht unbedingt eine Schwäche bedeuten. Tarrasch sagt zu dieser Stellung:

(Diagramm oben rechts)

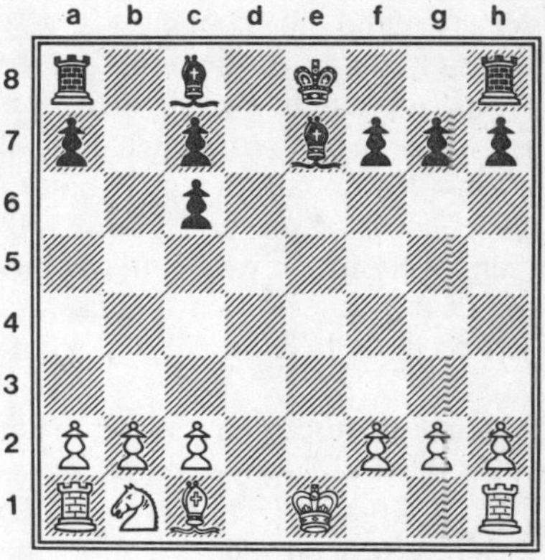

(Nach 1.e4 e5 2.Sf3 Sc6 3.d4 ed4: 4.Sd4: Sf6 5.Sc6: bc6: 6.Ld3 d5 7.De2 de4: 8.Le4: Se4: 9.De4: + De7 10.De7: + Le7:) »Nun ist unter Überschlagung des Mittelspiels gleich ein Endspiel herbeigeführt, in dem der Vorteil, wenn auch kein großer, auf Seiten von Schwarz liegt. Erstens ist er mit einem Zug in der Entwicklung voraus, und zweitens hat er die beiden Läufer gegen Läufer und Springer, was in einer so offenen Stellung einen sehr wesentlichen Vorteil bedeutet. Als Nachteil sind die vereinzelten Bauern zu buchen, *aber es kommt immer, selbst noch im Endspiel, mehr auf die Figuren als auf die Bauern an«.*
Folgen wir noch einige Züge lang Dr. Tarrasch: 11.0—0 0—0 12.Sd2 »Am besten ist noch 12.Lf4, denn Schwarz hat darauf nichts besseres als Ld6, worauf Weiß wenigstens einen der Läu-

fer beseitigt und dadurch eher Aussicht auf Ausgleich hat, obwohl ich auch dann noch das schwarze Spiel vorziehe; es hat einen Mittelbauern und Läufer gegen einen Springer, damit läßt sich schon etwas anfangen.« 12....Lf5 13.Sf3 und Schwarz konnte mit Lc2: in Vorteil kommen.

Noch ein moderner Großmeister zum Thema Doppelbauer, nämlich Wolfgang Unzicker: 1.e4 e5 2.Sf3 Sc6 3.d4 ed4: 4.Sd4: Sf6 5.Sc3 Lb4 6.Sc6: bc6: 7.Ld3 d5 8.ed5: cd5: 9.0—0 0—0 10.Lg5 c6 11.Df3 Ld6! »Hier galt lange Zeit der Rückzug des Läufers nach e7 als der beste Zug, den Dr. Tarrasch aber nicht zu Unrecht »Angstzug« genannt hat. Schwarz hat es nämlich gar nicht nötig, seinen Königsläufer passiv zu stellen, da der Tausch auf f6 nicht zu fürchten ist. Nach 12.Lf6: Df6: 13.Df6: gf6: wiegt das schwarze Läuferpaar den Nachteil der aufgerissenen Königsstellung vollständig auf.« Die Doppelbauerstellung f7/f6 muß also kein Nachteil sein. Der Leser möge dazu die ausgezeichnete Spielführung von Robert Fischer in der 21. und letzten Wettkampfpartie mit Spassky 1972 vergleichen (»Schachgenie Fischer«, Schach bei Franckh, Seite 74 – 77).

Demonstrationsbrett

Das Demonstrationsbrett dient zur Vorführung einer Schachpartie vor Zuschauern. Es ist meistens 80×80 cm groß. Man kann es entweder aufstellen oder aufhängen, wobei die flachen Figuren mit einem Magneten versehen auf dem Blechbrett haften. Auf großen Schachturnieren werden alle Partien auf Demonstrationsbrettern vorgeführt und den Zuschauern von Kommentatoren erläutert.

Diagonalen

Die aufeinanderfolgenden gleichfarbigen Felder, die sich an ihren Ecken berühren, heißen »Diagonalen«.

Einstellen, Einstehen

Ein Stein steht ein, wenn er ungeschützt von der Gegenpartei geschlagen werden kann. Der Spieler sagt: »Ich habe eine Figur eingestellt, ein Bauer steht ein (er kann gratis geschlagen werden).« Geschieht das Einstellen beabsichtigt, so handelt es sich um ein Opfer.

Elo-Wertungssystem

Das Elo-Wertungssystem gibt Auskunft über die Spielstärke eines Spielers. Es stammt von dem amerikanischen Mathematikprofessor Arpad Elo und wurde vom Weltschachbund 1972 offiziell eingeführt. Alle Ergebnisse

von Großmeistern, Meistern und Meisteranwärtern ab der Zahl 2200 werden in der Elo-Liste laufend erfaßt. Die Resultate der Spieler auf den einzelnen Turnieren werden immer an der Spielstärke der Gegner gemessen. Am Schluß des Turniers kann errechnet werden, ob die Elo-Zahl der einzelnen Spieler verbessert oder verschlechtert wurde. Nach der Wahrscheinlichkeitsrechnung kann theoretisch das voraussichtliche Abschneiden der Spieler errechnet werden. Daß diese theoretische Annahme nicht immer stimmt, dürfte klar sein: Kopfweh, Krankheit, zu hoher oder zu niedriger Blutdruck, Lärm im Lokal, durchzechte Nächte usw. können vom Computer nicht berücksichtigt werden. Aber in der Regel stimmen die Einordnungen nach den gegebenen Elo-Punkten.
Vor dem Elo-System, auch USCF oder Ratingsystem bezeichnet, gab es in Deutschland das Ingo-System (siehe auch Seite 73). Es arbeitete mit den gleichen Kriterien, nur mit niederen Ziffern.
So beträgt die Elozahl von Robert Hübner, Deutschlands Spitzenspieler, 2585, die Ingozahl aber 29,6.
Die Reihenfolge der weltbesten Spieler nach Elo 1976: 1. Karpow (Weltmeister) 2695, 2. Kortschnoj 2670, 3. Petrosjan 2635, 4. Polugajewski 2635, 5. Spassky 2630 (alle SU), 6.–7. Larsen (Dä), Portisch (H) je 2625, 7.–8. Geller (SU), Ljubojevic (YU) je 2620, 9.–10. Tal (SU) Smejkal (CS) je 2615.

Endspiel

Der letzte Teil einer Schachpartie, wenn das Mittelspiel vorüber ist und nur noch wenig Steine auf dem Brett sind. Am häufigsten kommen die Turmendspiele vor, dann Endspiele mit leichten Figuren (und beiderseits Bauern). Damenendspiele besitzen ihren eigenen Reiz, und am schwierigsten sind die Bauernendspiele zu beurteilen. Noch vor 70 oder 80 Jahren waren die wichtigsten Endspielkenntnisse ein Vorrecht der führenden Meister. Durch die weite Verbreitung des Schachspiels in der Neuzeit und die ungeheuer anschwellende Schachliteratur sind grundlegende Endspielführungen Allgemeingut geworden. Allerdings reisen alle Turnierspieler mit den entsprechenden Endspielbüchern im Koffer auf die Turniere. Von dem geistreichen Großmeister Dr. Tartakower stammt die pessimistische Einsicht: »Eine Partie hat normalerweise drei Abschnitte: die Eröffnung, in der du *hoffst*, die bessere Stellung zu erhalten: das Mittelspiel, wo du *glaubst*, die bessere Stellung zu haben; und das Endspiel, wo du *weißt*, du hast ein verlorenes Spiel«.

Schachblind im Endspiel

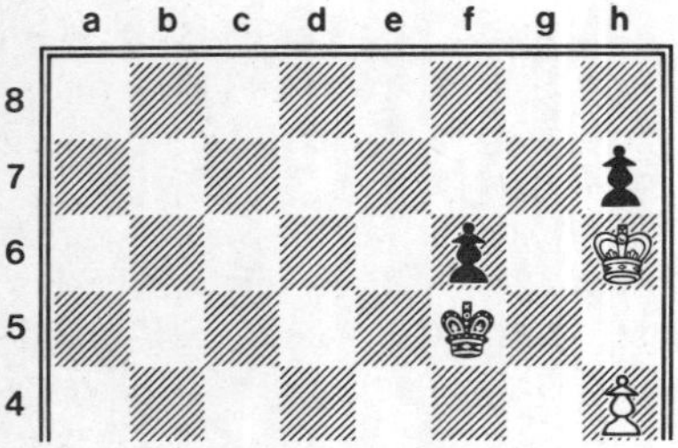

Tschigorin-Tarrasch (Nürnberg 1906)
Schwarz am Zug: wie endet das Spiel?

Der Leser wird sich ein Vergnügen daraus machen, mit dieser anscheinend einfachen Aufgabe den einen oder andern Schachfreund zu testen. Zu dieser Stellung gab es schon die verschiedensten Ansichten zu hören, auch in Endspielbüchern. In zwei Büchern steht, daß Schwarz mit *1....Ke6 2.Kh7: f5 4.Kg7 f4 4.h5 f3,* und nachdem beide Teile eine Dame erhalten haben, auf komplizierte Weise (mit Polerios Ekkenspiel!) noch das Damenendspiel gewinnt. In einem anderen Buch wird *1....Kg4* angegeben, das aber nur Unentschieden ergibt: *2.Kh7: f5 3.Kg6* usw.
Dabei konnte schon 1906 in der »Wiener Schachzeitung« nachgelesen werden, daß Schwarz auf einfache Weise den Gewinn durch *1....Kg4 2.Kh7: Kh5!!* hätte erreichen können.
Und jetzt machen Sie die Probe aufs Exempel, wer auf Anhieb dieses verblüffend einfache Verfahren findet und nicht schachblind daran vorübergeht (wie seinerzeit die beiden Koryphäen).

Endspielstudie (auch Studie)
Endspielstudien sind künstlich erdachte Stellungen, bei denen die aufgestellte Forderung »Remis« oder »Gewinn« versteckt für den Löser dargestellt sind. Die Lösung erscheint studienhaft, daher die Bezeichnung Endspielstudie oder einfach Studie. Im Gegensatz zum Problem, bei dem eine exakte Zugzahl vorgeschrieben ist, in der das Matt erreicht werden muß, wird in der Studie nur der Nachweis der entsprechenden Forderung verlangt. Der Löser muß den Gewinn oder das Remis nachweisen, ohne daß ein Zuglimit bei der Fragestellung vorgeschrieben oder verraten wäre. Bei der Forderung »Weiß gewinnt« genügt der Nachweis bis zur theoretischen Gewinnstellung (z. B. Dame gegen Turm), es muß nicht die Lösung bis zu einem möglichen Matt ausgedehnt werden. Bei »Remis« genügt die Herbeiführung einer theoretischen Remisstellung. Wie beim Problem sind auch in der Studie nur partiemögliche Stellungen erlaubt,

das heißt, die Stellung muß den normalen Schachregeln entsprechen. Es darf also wohl Umwandlungsfiguren geben, aber zum Beispiel nicht eine Stellung bei Schwarz mit einem La8 und davor noch den Bb7 – wie soll in einer Partie der Läufer nach a8 gekommen sein?
In der Regel haben Endspielstudien eine ungefähre Beziehung zur praktischen Partie. Es sind meist Stellungen, die wahrscheinlich auch in einer Partie vorkommen, auch wenn die dargestellte Idee aus künstlerischen Gründen in gestraffter Form vom Verfasser komponiert wird.
Die Stellung von Sachodjakin 1932 könnte ebenso als Problem klassifiziert werden: »Matt in

Endspiel oder Problem?

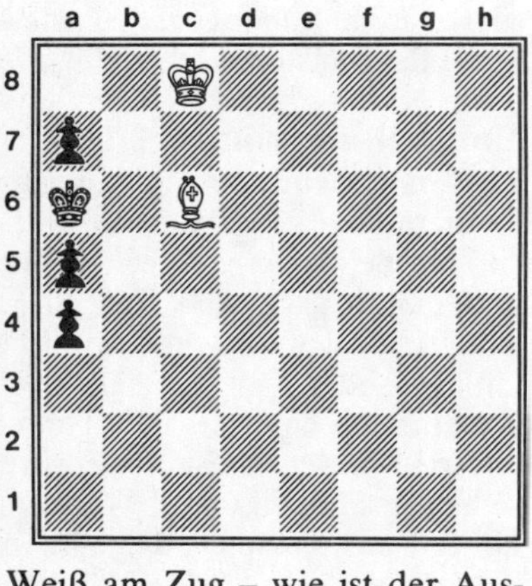

Weiß am Zug – wie ist der Ausgang?

4 Zügen«. Da die Stellung aber deutlichen Partiecharakter aufweist, und um dem Löser nicht von vornherein den Ausgang zu verraten, ist die Darstellung als Studie »problemgerechter«.
Der Gewinn für Weiß geht so vor sich: 1.Kc7 a3 2.La4! a2 3.Kc6 a1D 4.Lb5+! Läufer und König schafften das Matt gegen den am Rand eingerahmten schwarzen König.

L. J. Kubbel (Schamaty 1922)

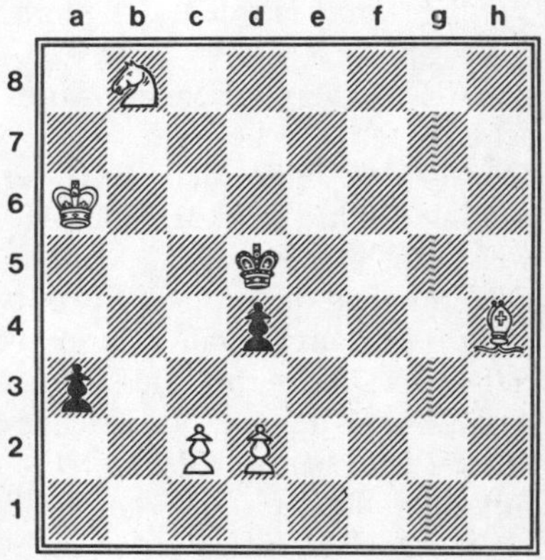

Weiß gewinnt

Das soll Weiß gewinnen? Zunächst ist man schon zufrieden, mit Weiß nicht zu verlieren! Wie soll da ein Gewinn möglich sein? Ein Versuch:
1.Lf6? a2 2.Ld4: Kd4: 3.Sc6+ Ke4 und Schwarz ist an der Umwandlung seines Freibauern nicht mehr zu hindern. Das Endspiel-

abenteuer führt aber im Hauptspiel zu einem Matt in 6 Zügen:
1.Sc6! Kc6: (nicht 1....a2? 2.Sb4+) 2.Lf6 Kd5
Ein Zug, ein Tempo ist auf Kosten des geopferten Springers gewonnen worden. Und das ist für die folgende Kombination ausreichend.
3.d3! a2 (nicht 3....Kc5? 4.Le7+ und Ba3 fällt) 4.c4+! Kc5. Nach 4....dc3: i.V. 5.Lc3: wäre alles klar für Weiß. Der Läufer beherrscht das Umwandlungsfeld a1 und Weiß gewinnt mit dem d-Bauern.
5.Kb7!!
mit dem überraschenden Mattschluß 5....a1D 6.Le7#!.
Dieses Matt bildet den Kern der Studie. Wählt Schwarz die Abweichung (Variante) 5....Kb4, so gewinnt eben die profane Fortsetzung 6.Ld4: usw. Daher ist in einer Studie die Arbeit des Lösers getan, wenn der Gewinn nachgewiesen ist. Hier war das der Fall mit dem fünften Zug von Weiß Kb7, der Rest interessiert nicht mehr.
Zu den berühmten Endspielstudien-Komponisten zählen der Spanier H. Rinck, der Franzose A. Cheron sowie die Russen Kasparjan und Troitzki, über deren Studien Bücher in deutscher Sprache auf dem Markt sind. Zum eigenen Studium noch eine schöne Studie mit klarem, aber verblüffendem Lösungsablauf:

Dr. J. Fritz, 1. Preis Svobodne slovo 1961: *Kh5 La8 Ba6 a7; Ka5 Ta1 Bh2* Weiß gewinnt.
Die Lösung: 1.Lh1! (Verfehlt wäre 1.Lb7? h1D+ 2.Lh1: Th1:+ samt Th8 gewinnt) 1....Th1: 2.a8D Td1 3.Dh1!! Th1: 4.a7 Td1 5.a8D+ Kb6 7.Db8+ und Bh2 fällt. Zweimal Opferblockade auf dem Umwandlungsfeld des schwarzen Bauern auf h1.

en passant

Das Schlagen en passant – zu deutsch »Schlagen im Vorbeigehen« – wird ausführlich auf Seite 14 erklärt.

En prise

(franz.) Im Schach ein international bekannter Begriff: ein ungeschützter, dem Schlagen ausgesetzter Stein. Es bedeutet also soviel wie im Deutschen „einstellen“ oder „einstehen“.

Entfernter Freibauer

Ein Bauernendspiel mit einem »entfernten« Freibauern verspricht bei sonst ausgeglichener materieller Lage stets den Sieg. Entfernt bedeutet: von der Mitte entfernt oder von der anderen Bauernreihe entfernt. Das Turmendspiel in der Bildstellung wäre selbstverständlich remis; Weiß erzwingt im Vorspiel daher den Turmtausch:
1.Tg1 Tg5 2.h4 Tg1: 3.Kg1: Kg7

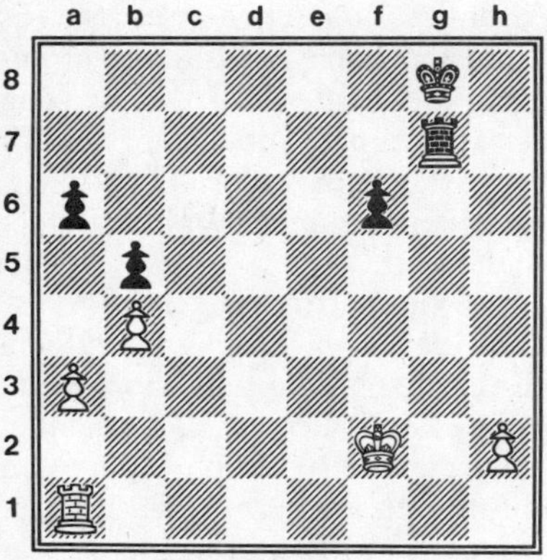

Weiß am Zug gewinnt

4.Kf2 Kg6 5.Kg3 Kh5 6.Kh3 f5 7.Kg3 f4+ 8.Kf4: Kh4:
Das Geheimnis des entfernten Freibauern – und damit er gewinnt – besteht darin, daß nach Liquidierung beider Bauern der König um wenigstens zwei Reihen näher bei der restlichen Bauernmacht steht. Der König wird zuerst zum Abräumen der Bauern kommen und gewinnen: 9.Ke5 Kg4 10.Kd5 Kf4 11.Kc5 Ke4 12.Kb6 Kd5 13.Ka6: Kc4 14.Kb6 Kb3 15.Kb5: und gewinnt. (Der Leser vergleiche die Beispiele im Band »Das Endspiel im Schach« der Reihe »Schach bei Franckh«, Seite 22 – 24).

Entwicklung

Das Herausbringen der Bauern und vor allem der Figuren aus der Grundstellung nennt der Schachspieler Entwicklung. Es ist wichtig, die Entwicklung seiner Streitkräfte in der Eröffnung rasch voranzutreiben – in offenen Stellungen mehr als in geschlossenen. In offenen Eröffnungen – solchen mit 1.e2—e4 e7—e5, auch 1.e2—e4 e7—e6 2.d2—d4 d7—d5 3.e4xd5 e6xd5 – ist es ausschlaggebend, die Entwicklung seiner Streitkräfte zu forcieren. Wer am raschesten die Offiziere in wirkungsvolle Stellung bringt, die Rochade anstrebt und wenigstens einen Turm auf die e- oder d-Linie führt, der wird im einsetzenden Mittelspiel dem Gegner überlegen entgegentreten können.

Epaulettenmatt

Wie zwei »Epauletten« (= Schulterstücke der Offiziere) flankieren die Türme ihren König, wobei der König den Kopf eines Generals darstellt.

1....Tgg3:+ 2.fg3: Tg3:+ 3.hg3: Dg3:‡
Die Türme f1 und h1 sind die »Epauletten«. Weiß kann zwar das Epaulettenmatt umgehen,

Epaulettenmatt anders

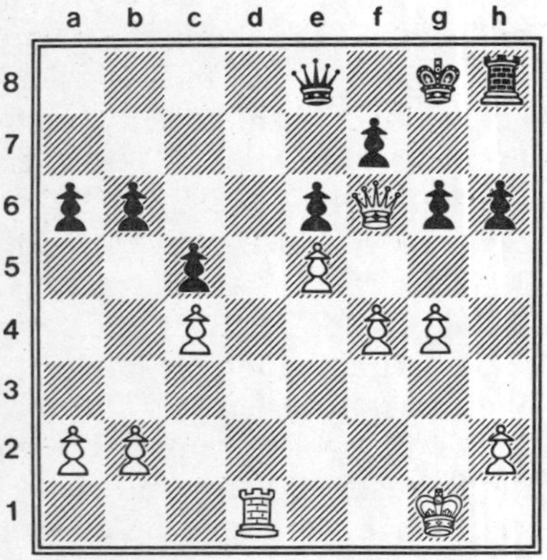

Longwitz-Gerusel (Großenbrode 1970)

aber nicht das Matt mit 3.Kf2 Tg2+ 4.Ke1 De3+/h4+ samt Matt.
Schwarz war angesichts der Drohung Td8 zu 1....Kh7 gezwungen. Dennoch folgte 2.Td8!! und Schwarz mußte die Waffen strekken. Bei 2....Dd8: werden dem schwarzen König die Epauletten an der Seitenlinie verpaßt: 3.Df7:+!

Eröffnung

Am Anfang einer jeden Schachpartie steht die Eröffnung. Die Eröffnung dient der stellungsgerechten, positionellen Entwicklung der beiderseitigen Streitkräfte. Die Eröffnungsphase kann ungefähr um den 10. Zug herum als beendet angesehen werden. Es gibt aber viele Eröffnungsvarianten, die heute bis zum 20. Zug und darüber hinaus in Eröffnungsbüchern oder Schachzeitschriften ausanalysiert und festgehalten sind.
Wie viele Eröffnungen gibt es? Von den etwa dreißig geläufigen Eröffnungen, die teils nach Weiß, teils nach Schwarz bezeichnet sind, existiert eine Fülle von Eröffnungsbüchern, die immer wieder überarbeitet werden. Zwar bleiben einige Varianten auch heute noch dieselben wie schon zu Anderssens oder Tarraschs Zeiten, und sie werden auch noch genau so angewandt, aber die Entwicklung und Verbreitung der Schachkunst brachte viele neue Erkenntnisse. Vor allem für die Verteidigung, also von Schwarz aus gesehen, erfolgte eine Erweiterung der Möglichkeiten.
Das bekannteste Eröffnungsbuch zwischen dem 19. und 20. Jahrhundert war der »Bilguer«, herausgebracht von dem preußischen Spieler und Offizier Rudolf von Bilguer, der zum Berliner »Siebengestirn« um Bledow gehörte. Der Wiener Meister Carl Schlechter bearbeitete die letzte Ausgabe von 1920, die beinahe 1000 Seiten umfaßte. Heute gibt es für jede der wichtigsten Eröffnungen Einzelbände. Ohne gründliche theoretische Kenntnisse in den wich-

tigsten Eröffnungen kann ein Meister nicht auskommen, wenn er auf Turnieren rationell seine Kräfte und seine Zeit einteilen möchte. Der Amateur sollte aber die Theorie auch nicht überbewerten. Wichtig ist nur, die grundlegenden Eröffnungsprinzipien zu kennen:

1. Vermeide Tempoverluste.
2. Keine unnötigen Bauernzüge.
3. Rechtzeitige Entwicklung der Streitkräfte.
4. Keine voreiligen ungerechtfertigten Angriffsversuche. (Über die Grundlagen der Spielanfänge unterrichtet den Anfänger und den Fortgeschrittenen der Band »Schacheröffnungen« der Reihe »Schach bei Franckh«).

Erstictes Matt

Schon Lucena hielt in seinem Lehrbuch 1497 die Urform des erstickten Matts fest:

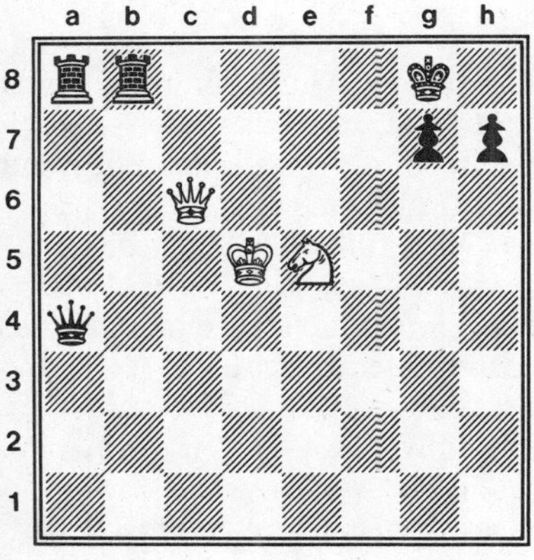

Beim erstickten Matt – oder kurz: Stickmatt – wird der König in der Ecke vom Springer mattgesetzt, nachdem zuvor dem König durch ein Damenopfer das letzte Fluchtfeld durch eine Figur blokkiert wird. Seine eigenen Steine hindern ihn an der Flucht – er ist »erstickt«.

1.Dc6—e6+ Kg8—h8
2.Se5—f7+ Kh8—g8
3.Sf7—h6++

Das Doppelschach ist ebenfalls typisch beim erstickten Matt.

3.... Kg8—h8
4.De6—g8+!

Das Damenopfer zwingt den Turm, das Feld g8 zu blockieren.

4.... Tb8xg8
5.Sh6—f7#

Erstictes Matt mit Vorspiel

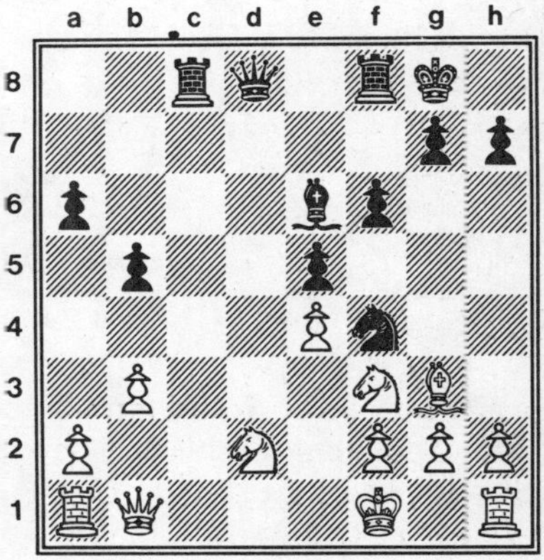

Wenger-Schuster (Stuttgart, 1932)

Das erstickte Matt funktioniert nur dann, wenn von einem feindlichen Turm oder Springer die Dame geschlagen wird. Dame oder Läufer würden ja sonst das Mattfeld f7 bestreichen und somit wäre das Springermatt undurchführbar.
Schwarz am Zug sah das Motiv des erstickten Matts, beginnend mit Dd3+, das aber vorläufig noch von der weißen Dame bewacht wird. Also muß sie weggelockt werden:

1.... Tc8—c1+!
2.Db1xc1 Dd8—d3+

Jetzt kann der Mechanismus reibungslos ablaufen.

3.Kf1—g1

(Bei 3.Ke1 gleich De2≠).

3.... Sf4—e2+
4.Kg1—f1 Se2xc1+
5.Kf1—g1 Sc1—e2+
6.Kg1—f1 Se2xg3++
7.Kf1—g1 Dd3—f1+!

Er hat noch die Wahl, mit Turm oder Springer zu schlagen, bevor 8.... Sg3—e2≠ folgt.

Die Vorschaltung
Otto Dehler, 1927

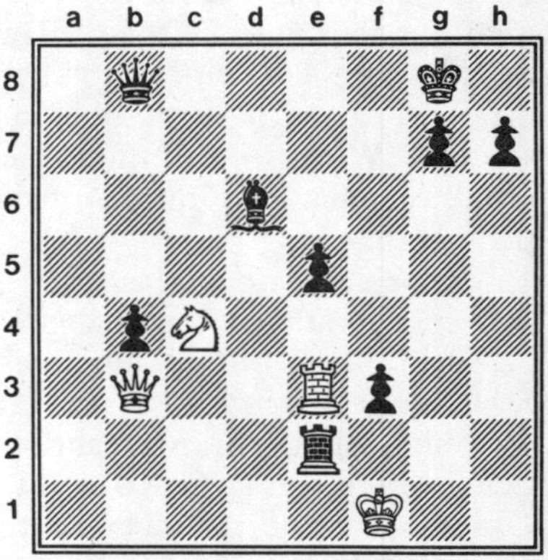

Weiß gewinnt

Einen raffinierten Vorschaltmechanismus hat der Problemkomponist hier eingebaut, bis das erstickte Matt als schönes Schlußbild erscheint:

1.Sc4xe5+ Kg8—h8
2.Se5—f7+ Kh8—g8

Das Doppelschach würde mit 3.Sh6++ Kh8 mißlingen, da ja auf g8 noch nichts passieren kann – die Dame würde das Stickmatt auf f7 decken.

3.Sf7—d8+! Kg8—h8
4.Te3—e8+!! Te2xe8

Gleich wird der geheime Sinn des Turmopfers ersichtlich.

5.Sd8—f7+ Kh8—g8
6.Sf7—h6++ Kg8—h8
7.Db3—g8+

Das uns schon vertraute Damenopfer – jetzt wirksam – weil der Turm vor die Dame »geschaltet« wurde.

7.... Te8xg8
8.Sh6—f7 ‡

Also könnte man als Aufgabenstellung unter das Diagramm auch schreiben: Matt in 8 Zügen!

Ewiges Schach (Dauerschach)

»Ewiges Schach« oder Dauerschach tritt ein, wenn ein Spieler der Gegenseite fortwährend Schach bieten kann, ohne dadurch das Spiel anderweitig entscheiden zu können. Zum Remis durch Ewiges Schach müssen nicht viele Schachgebote, etwa mehr als 50, erfolgen. Nach Artikel 12 der Spielregeln des Weltschachbundes »Die unentschiedene Partie«, Ziffer 3, ist eine Partie unentschieden »auf Verlangen eines der Spieler, wenn die gleiche Stellung dreimal vorkommt, jeweils mit demselben Spieler am Zug. . . .« (Siehe auch Seite 139). Häufig sprechen die Schachspieler von »Zugwiederholung« als Remisgrund. Es muß aber richtig »Stellungswiederholung« heißen, denn erst dreimal dieselbe Stellung berechtigt zum Remisanspruch durch einen Spieler. Dabei ist es nicht notwendig, daß dieselbe Stellung dreimal hintereinander vorkommt! Es genügt, wenn z. B. die gleiche Stellung im 43., 57. und 64. Zug vorkommt.

Dauerschach im Quadrat

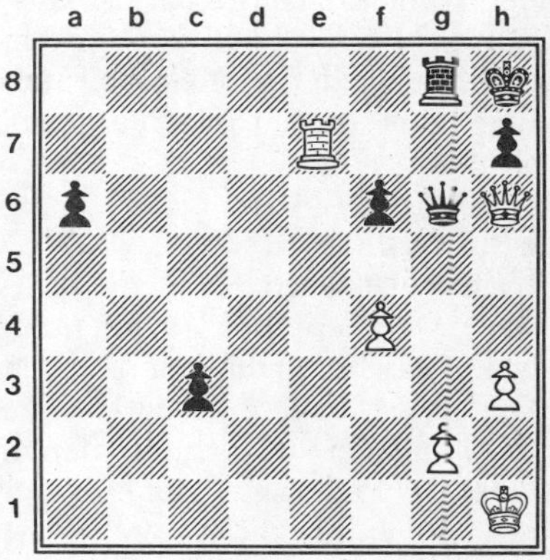

Zinser-Lengyel (Venedig 1970)

Weiß reißt den Gegner aus seinen Gewinnträumen durch das Turmopfer

1.Th7: + ! Dh7: 2.Df6: + Tg7 3.Dd8 + Dg8 4.Dh4 + Th7 5.Df6 + Dg7 6.Dd8 + Dg8 7.Df6 + Tg7 8.Dh4 + !

Ewiges Schach! Die weiße Dame bewegt sich schachbietend auf den Feldern f6/d8/h4 wahlweise nach den schwarzen Gegenzügen. Nur der wBf4 hindert Weiß an dem bekannten Dauerschach im Quadrat h4—f6—d8—d4—h4. In der Partie einigten sich die Meister schon im 4. Zug Dh4 + auf das unvermeidliche Unentschieden. (Ein Gegner kann nicht auf Weiterspielen beharren, wenn der andere das Remis durch dreimalige Stellungswiederholung beansprucht. Im Turnier entscheidet der Turnierleiter, ob sich vor Ausführung des Zuges zur dritten Stellungswiederholung, die Stellung zum dritten Male ergeben wird).

Fallenspiel (Falle)

Nichts gewährt dem Schachspieler größere Befriedigung, als wenn es ihm gelungen ist, den Gegner in eine Falle zu locken und danach zu triumphieren. Über das Fallenspiel gibt es in der Schachliteratur zahllose treffliche Beispiele. Am schönsten sind natürlich immer die Fallen, die man selbst erfolgreich gestellt hat.
Der Wiener Großmeister Rudolf Spielmann berichtete von einer Episode, die er einmal in einem Wiener Kaffeehaus beobachtet hatte:

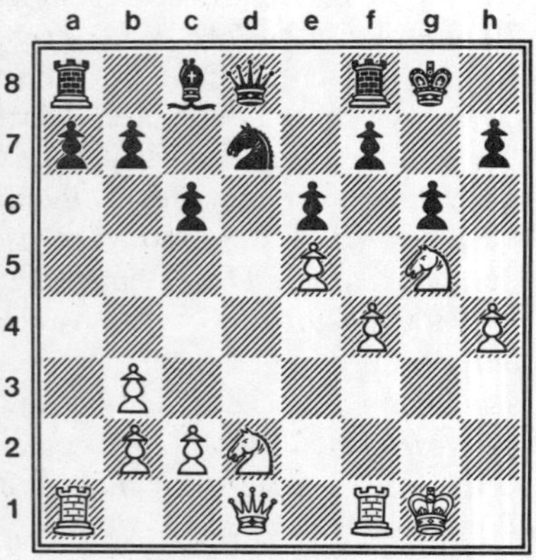

»Schwarz am Zug steht, wie ersichtlich, ganz elend. Er machte nun den Zug Ta8—b8, den ich absolut nicht verstehen konnte ... Aber als Weiß nun frohlockend Ta1xa7?? zog und sich mit Dd8—b6+ nebst Db6xa7 unter Wehgeschrei eines Turmes berauben ließ, da verstand ich plötzlich alles. Der Turmzug nach b8 war eine Falle gewesen, und zwar eine vom reinsten Wasser. Mit Ta8—b8 hatte Schwarz seinen einfältigen Gegner durch die Lockspeise a7 verführt. Seine Aufgabe bestand nicht darin, eine bestimmte Drohung zu parieren, sondern den Gegner in eine Sackgasse zu locken und dadurch vom Gewinnweg abzubringen. Er mußte etwas besonderes erfinden. Und sein schöpferischer Geist (ich meine das durchaus ernst!) führte ihn auf die Idee Ta8—b8. Alle Merkmale der echten Falle treten scharf hervor.« Eine auf ganz anderem Niveau liegende Falle aus der eigenen Praxis, 1957 in der Mannschaftsmeisterschaft von Württemberg, gespielt am 1. Brett zwischen Feuerbach und Cannstatt:

Weiß: G. Machate
Schwarz: Th. Schuster

1.d2—d4	d7—d5
2.Sg1—f3	Sg8—f6
3.c2—c4	e7—e6
4.Sb1—c3	c7—c5
5.Lc1—g5	c5xd4

6.Sf3xd4 e6—e5!
7.Lg5xf6
Eine erste und bekannte Falle ergäbe sich bei 7.Sdb5 a6! 8.Sd5:? ab5: 9.Sf6:+ Df6:!!, womit Schwarz eine Figur und die Partie gewinnen würde. Nur beim ängstlichen 9....gf6:? 10.Dd8:+ Kd8: 11.Lf6:+ samt Lh8: hätte Weiß recht behalten.
7.... g7xf6
8.Sd4—b5 a7—a6
9.Dd1—a4 Lc8—d7
Ein spannender Kampf setzt ein. Kann Weiß seinen Springer in der drohenden Stellung behaupten oder wird Schwarz ihn erobern können?
10.e2—e4
Der Bd5 war auf keine Weise zu nehmen, z. B. 10.Sd5:? Lb5:! mit Figurengewinn; oder 10.cd5: Lb5: 11.Sb5: ab5: 12.Da8: Lb4+ mit vernichtendem Angriff.
10.... Lf8—c5!
11.0—0—0 0—0
12.Sc3xd5
Triumphiert Weiß mit seiner Eröffnungstaktik?
12.... Ta8—a7!!
»Einer der merkwürdigsten Züge der Schachliteratur«, sagte Kurt Richter damals dazu. Der Springer wird gefangen. Es droht nun, nachdem der Damenturm gedeckt ist vom Lc5, einfach das Schlagen ab5: usw. Im Fall von 13.Sa7: aber fällt die weiße Dame durch La4:.

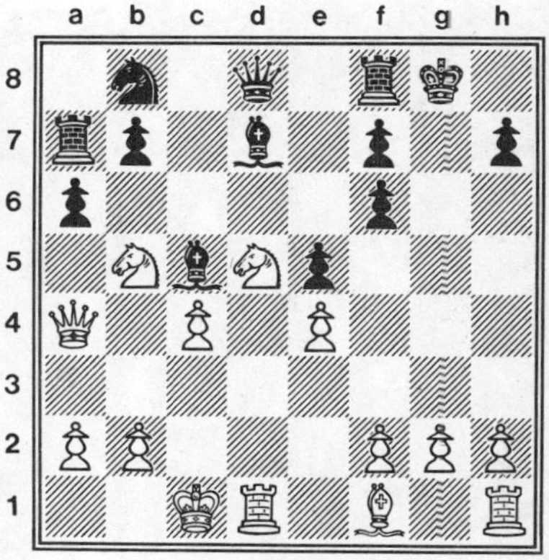

Stellung nach 12...Ta8—a7

Wer glaubt, daß Weiß angesichts der aufgerissenen schwarzen Königsstellung und aufgrund des weißen Mehrbauern noch gewisse Chancen hätte (auch Druck in der d-Linie mit dem Vis-à-vis von T-D), den wird der schnelle Zusammenbruch von Weiß überraschen.
13.Db3 ab5: 14.Df3 Ta2:! 15.Sf6:+ Kh8 16.Td7: Sd7: 17.Sd7: Dg5+! (Ja nicht 17....Dd7: 18.Df6+ mit Dauerschach) 18.Kb1 Tfa8 19.Sc5: Dd2! 0:1 Undeckbar matt nach 20.Df6+ Kg8.

»Falscher« Läufer

Wade – Dr. Trifunovic (Belgrad 1954)

(Diagramm nächste Seite)

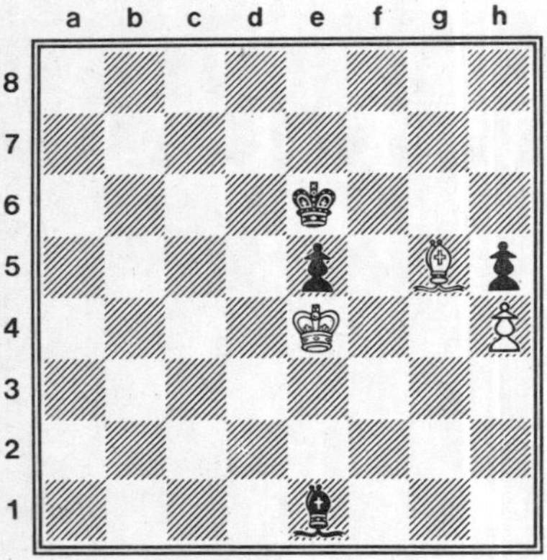

Weiß am Zug machte es sich zunutze, daß der Gegner den »falschen« Läufer für das Endspiel besaß, denn Läufer und Randbauer sind wertlos, wenn der Läufer nicht die Farbe des Umwandlungsfeldes besitzt!

So geschah 1.Lg5—f4 e5xf4 2.Ke4xf4 Le1xh4 3.Kf4—f3 remis! Obwohl Schwarz Figur und Bauer, Weiß nur noch den blanken König auf dem Brett hat, kann er nicht gewinnen. Schwarz hat den Läufer der falschen Farbe! Der weiße König sucht die Ecke h1 auf, aus der ihn Schwarz nicht mehr vertreiben kann (siehe auch Seite 27 »Die Abwicklung zum Remis«).

Familienschach (Springergabel)

Im deutschen Schachjargon nennt man die Springergabel auch Familienschach. Die maximale Wirkung erzielt das Familienschach beim Doppelangriff auf König und Dame. (Manchmal ist sogar noch ein dritter feindlicher Stein dem Angriff ausgesetzt).

Die ganze »Familie« hängt: König, Dame (und sogar noch der Turm).

Felder

Das Schachspiel wird von zwei Gegnern auf dem Schachbrett gespielt, das aus 64 Feldern besteht. Die Felder sind angeordnet in acht vertikale und acht horizontale Reihen. Die Felder sind abwechselnd hell (»weiß«) oder dunkel (»schwarz«). Das Schachbrett wird so zwischen die Spieler gelegt, daß das jedem Spieler zugewandte rechte Eckfeld weiß ist.

Fernopposition

Gegenüberstellung der Könige im Bauernendspiel mit drei oder fünf Feldern Zwischenraum. Was wir gewöhnlich unter Opposition verstehen, ist die Nahopposition, wo sich die Könige im Endspiel mit einem Feld Zwischenraum gegenüberstehen.

Man vergleiche die Stellung: Weiß Ke3 Bf3. Schwarz Kf7. Schwarz am Zug kann nur mit Hilfe der Fernopposition 1...Kf7—e7! remis erreichen. Daß andere Züge verlieren, ist bald zu sehen: 1....Ke6? 2.Ke4 Kf6 2.Kf4 und Schwarz muß die Opposition aufgeben. Oder 1....Kf6? 2.Kf4 und wieder wird der sK aus der Opposition gedrängt. In beiden Fällen wird die Umwandlung des weißen Freibauern erzwungen. (Siehe auch »Fernopposition« in »Das Endspiel im Schach«, Reihe Schach bei Franckh).

Fernschach (Korrespondenzschach)

Fernschach ist eine ideale Betätigung für Schachfreunde, die beruflich, örtlich (abgelegener Wohnort, auf einer Baustelle) oder gesundheitlich am Nahschach gehindert sind.
Fast alle 94 Mitgliedsländer des Weltschachbundes bieten die Möglichkeit zum Fernschachspiel. Die entsprechenden Verbände sind im Weltfernschachbund vereinigt. Die Anschrift des BdF = Bund deutscher Fernschachfreunde lautet:
Ottersbekallee 21, 2000 Hamburg 19.
Jeder Schachspieler kann an Fernturnieren teilnehmen, die das ganze Jahr über vom BdF durchgeführt werden. Beim Fernschach werden die Züge mittels vorgedruckter Postkarten gespielt. Wichtig ist nur, daß es an beiden Orten eine Post gibt, an denen die Spieler wohnen. Die Bedenkzeit ist ebenso wie beim Nahschach vorgeschrieben. Sie beträgt normalerweise für je 10 Züge 30 Tage, wobei die Postlaufzeit extra gerechnet wird. Dauert eine Partie 40 Züge, so stehen 120 Tage zur Verfügung. Nun rechnet man noch die Postlaufzeit hinzu: 40×2 bis 3 Tage (zweimal! – für Weiß und Schwarz) = 180 Tage. Eine Partie dauert also 120 + 180 = 300 Tage. Längere Partien können der Einfachheit halber zur Abschätzung an die Turnierleitung eingesandt werden.
Sämtliche Partien eines Turnieres werden gleichzeitig gespielt. Es gibt dazu Taschenschach-Sets mit 12 Spielen. Der Fernschachspieler hat dadurch immer die Stellung seiner verschiedenen Partien parat. Eine Fernschachweltmeisterschaft dauert in der Regel zwei Jahre.

Nächste Seite:
Eine Fernschachpostkarte, wie sie international üblich ist. Die Rückseite zeigt alle notwendigen Eintragungen, hier zum Beispiel den 1. Zug e2–e4 (52–54) und den Gegenzug e7–e6, sowie den gegnerischen Anfangszug der zweiten Partie.

	A	B	C	D	E	F	G	H	
8	18	28	38	48	58	68	78	88	8
7	17	27	37	47	57	67	77	87	7
6	16	26	36	46	56	66	76	86	6
5	15	25	35	45	55	65	75	85	5
4	14	24	34	44	54	64	74	84	4
3	13	23	33	43	53	63	73	83	3
2	12	22	32	42	52	62	72	82	2
1	11	21	31	41	51	61	71	81	1
	A	B	C	D	E	F	G	H	

Partie	Nr.	Ihr Zug	Nr.	Mein Zug
1.	1.	5254		
			1.	5756
2.			1.	4244

Eventualzüge in anderer Farbe

Ihr letzter Poststempel vom 4.10.76.

Ihre letze Bedenkzeit also 2 Tage

Ihre gesamte Bedenkzeit 2 Tage

Ankunftstag 5.10.76.

Abgangstag 6.10.76.
(Poststempel)

Bedenkzeit = 1 Tage

Meine gesamte Bedenkzeit 1 Tage

Ich habe Urlaub vom 12.10. bis 28.10.76.

Partie ______ biete Remis - angenommen - abgelehnt

aufgegeben · Ihr Zug ______ unmöglich/unklar-unleserlich

Freundliche Fernschachgrüße!

Fesselung

Nur Dame, Turm oder Läufer können fesseln. Man spricht von absoluter Fesselung, wenn ein Stein nach den Regeln nicht ziehen darf, da sonst sein König im Schach steht.
Beispiel: 1.e2—e4 e7—e6 2.d2—d4 d7—d5 3.Sb1—c3 Lf8—b4. Der Sc3 ist gefesselt, er kann auf keinen Fall ziehen.
Eine bedingte Fesselung tritt dann ein, wenn ein Stein nach den Regeln ziehen darf, er aber dadurch eine wertvolle Figur in Gefahr bringt.
Beispiel: 1.e2—e4 e7—e6 2.d2—d4 d7—d5 3.Sb1—c3 Sg8—f6 4.Lc1—g5. Hier ist der Sf6 auch gefesselt, aber nur an die Dame und nicht an den König.
Außer den üblichen Fesselungen Lf1—b5, Lc1—g5 und von Schwarz Lf8—b4 und Lc8—g4 (die meist Springer an den König und Springer an die Dame fesseln) treffen wir im Verlauf einer Schachpartie auf zahlreiche Fesselungen, die von Dame, Turm oder Läufer ausgehen. Besonders beim Problemschach können wir die vielfältigen Formen der Fesselung bewundern.

Zwei Muster für Fesselungen:

Weiß setzt in einem Zug matt

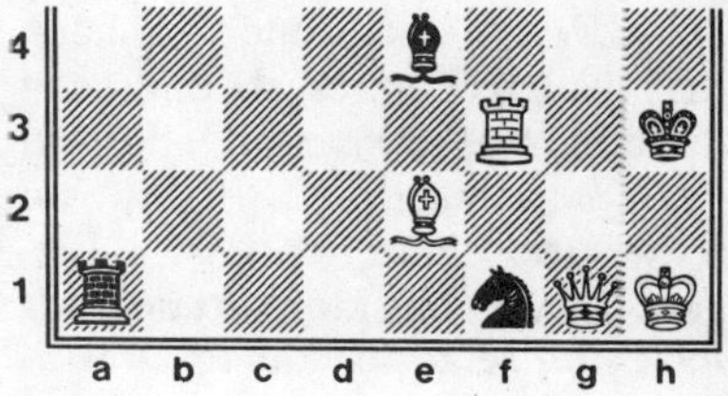

Schwarz setzt in einem Zug matt

Nach dem weißen Mattzug 1.Tb7—d7+ sind drei schwarze Figuren außer Gefecht gesetzt; der Ta6 ist von der weißen Dame auf der a-Linie gefesselt, die Db8 durch den weißen Td8 an den König auf der 8. Reihe. Der Le8 wird im Mattzug vom Tb7 von der Wirkung nach c6 abgeschnitten. Es gibt aber Schachfreunde, die so argumentieren: »Nach 1.Td7+ ziehe ich Tc6:+, schlage also den schachbietenden Läufer ebenfalls mit Schach. Dabei steht freilich mein König a8 im Schach, aber der weiße Ke6 steht ebenfalls im Schach meines Turmes!«
Solchen Argumenten muß man logisch entgegensetzen: Es kommt im Schach darauf an, wessen König zuerst mattgesetzt ist!
Im Schema darunter wehrt

Schwarz mit 1....Sg3 das Schach des weißen Turmes ab und setzt dadurch zugleich matt. Sowohl der Tf3 als auch die Dg1 sind von schwarzen Figuren gefesselt. Elegante Fesselungsmotive und Entfesselung zeigt der kleine Dreizüger:

C. Wiehe (1885) Dreizüger

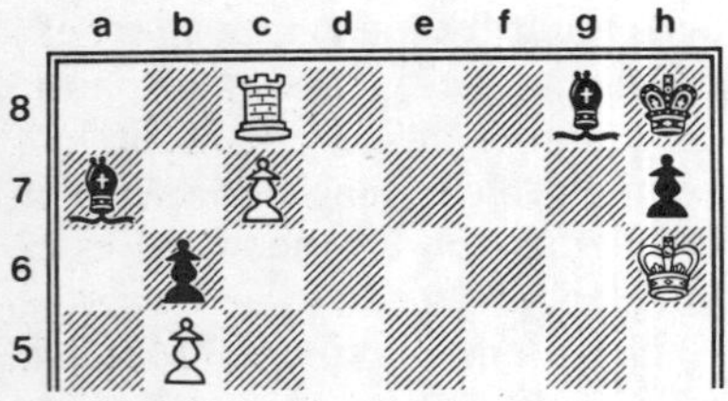

Daß es der weiße Turm allein nicht schaffen kann, ist klar. Der weiße Bauer c7 muß zu Hilfe kommen. Aber wie vermeidet man dabei das Patt? Lösung: 1.Tc8—a8 La7—b8 2.c7xb8 L! Der Bauer wird in einen Läufer »unterverwandelt« (siehe »Unterverwandlung«, Seite 100). Bei einer Verwandlung in eine Dame oder in einen Turm wäre Schwarz patt. So aber wurde der auf g8 gefesselte Läufer entfesselt. 2....Lg8—d5 3. Lb8—e5++ Doppelschach und zugleich matt!

Fianchetto (Flankenspiel)

Fianchetto kommt aus dem Italienischen und bedeutet Flankierung des Läufers, möglich in eine der vier Flanken: Lg2 (Lg7)= Fianchetto del Re (Königsfianchetto), oder Lb2 (Lb7)=Fianchetto del Dama (Damenfianchetto). Die gebräuchlichen deutschen Ausdrücke sind allgemein bekannt: Königsindisch (Lg2 und Lg7), oder Damenindisch (Lb2 und Lb7). Natürlich immer mit den vorausgehenden Bauernzügen g3 und g6 oder b3 und b6. Im Englischen heißt es »Wing Game« (Flügelspiel).

FIDE (Weltschachbund)

Der Weltschachbund wurde 1924 in Paris gegründet. Im Jahre 1976 gehörten ihm 109 Nationen an. FIDE ist die Abkürzung der französischen Bezeichnung: Fédération Internationale d'Echec.

Figuren

sind König, Dame, Turm, Läufer, Springer (auch »Offiziere« genannt), während die Bauern für sich rangieren. Die Gesamtbezeichnung für alle Einheiten ist »Stein«.

Freibauer

Steht einem Bauern auf dem Weg zur 8. (1.) Reihe kein feindlicher Bauer mehr im Wege, dann handelt es sich um einen Freibauern. Sehr mächtig sind verbundene Freibauern, also zwei oder mehr Bauern gleicher Farbe, die auf angrenzenden Linien stehen. Zwei verbundene Freibauern auf der 6. (3.) Reihe gewinnen sogar gegen den Turm:

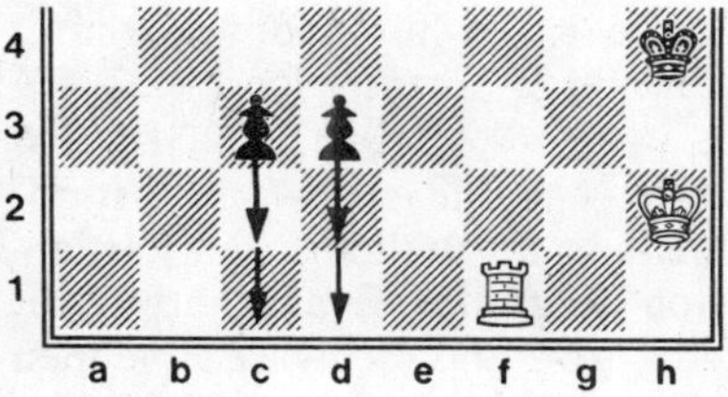

Weiß am Zug: Schwarz gewinnt!

Zum Beispiel: 1.Tf4+ Kg5 2.Tc4 d2 3.Td4 c2 4.Td2: c1D

Fünfzig-Züge-Regel

Wenn ein Spieler, der am Zuge ist, beweisen kann, daß während der letzten 50 Züge kein Stein geschlagen und kein Bauer gezogen worden ist, so kann er Remis verlangen. Wird ein Stein geschlagen oder ein Bauer gezogen, beginnt die Zählung der 50 Züge von vorne. Ein Remis nach der 50-Züge-Regel kann nur beansprucht werden, wenn ein vollständig ausgefülltes Partieformular vorgelegt werden kann.

Gabel

Doppelangriff. Man greift mit einer Figur zwei oder mehr gegnerische Steine gleichzeitig an. Allgemein meint man unter einer Gabel die Bauerngabel. Z. B.:

1.e2—e4	e7—e5
2.Sg1—f3	Sb8—c6
3.Lf1—c4	Lf8—c5
4.c2—c3	Sc6—a5?
5.Lc4—e2	Sg8—f6??
6.b2—b4	

Und Weiß gewinnt eine Figur gegen 2 Bauern: 6....Lf2:+ 7. Kf2: Se4:+ 8. Kf1.

Bleiben wir bei der Stellung, so läßt sich ein anderer Doppelangriff konstruieren, ein Gabelangriff der weißen Dame:

8....Sc6 9.b5 Sa5?? 10.Da4 und einer der beiden bedrohten Springer geht verloren.

Außer der Bauerngabel ist am bekanntesten und gefürchtetsten die *Springergabel* (siehe »Familienschach«, Seite 62).

Auer-Pauly (4. Deutsche Fernschachmeisterschaft)

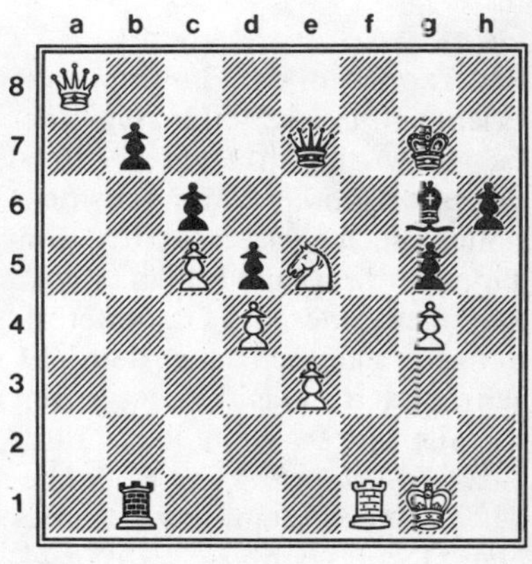

Weiß am Zug

Ähnliche Stellungen ereignen sich ständig, nur – wird das Kombinationsmotiv auch immer gesehen?

1.Da8—h8+! 1:0

Nach 1....Kh8: tritt die Riesengabel in Aktion 2.Sg6:+ Kg7 3.Se7:, wonach dem Weißen als Reingewinn eine Figur bleibt.

Das gleiche Schema in ganz ähnlicher Stellung zeigt der Partieschluß *Petrosjan – Simagin, Moskau 1956:* Kh1 Dg2 Lh2 Sg5 Ba4 c4; Kf8 Dd6 Tf7 Ba7 c5 e5 h7 Weiß am Zug.

Der spätere Weltmeister siegte elegant mit einem Doppelopfer in der Einleitung: 1.Db8+ Kg7 (Ke7 2.Da7:+ und der Tf7 fällt) 2.Le5:+! Nanu? 2....De5: 3.Dh8+!! Kh8: Und die Riesenspringergabel mit Familienschach holt den ganzen Einsatz wieder zurück: 4.Sf7:+ 1:0.

Gambit

Bauernopfer in der Eröffnung zur Erlangung eines Stellungsvorteils. Es gibt natürlich auch Figurengambits. Gambit kommt aus dem Italienischen »Dare il gambetto« = jemandem ein Bein stellen.

Die bekanntesten Gambiteröffnungen stammen aus dem 19. Jahrhundert. Das Königsgambit ist allerdings schon viel älter: 1.e2—e4 e7—e5 2.f2—f4, wobei wir zwischen dem angenommenen Königsgambit 2....e5 x f4, dem abgelehnten Königsgambit 2....Lf8—c5, 2....Sg8—f6, oder dem Falkbeer-Gegengambit 2....d7—d5 unterscheiden. Das Evansgambit ist nach dem schottischen Kapitän benannt. Noch heute ist es hin und wieder auf Turnieren anzutreffen: 1.e2—e4 e7—e5 2.Sg1—f3 Sb8—c6 3.Lf1—c4 Lf8—c5 – die Grundstellung der Italienischen Partie – nun folgt das Evansgambit mit 4.b2—b4, das Schwarz ablehnen oder annehmen kann (Lb4: oder Lb6). Heute sind andere moderne Gambitspiele in den Damenbauereröffnungen beliebt, so z. B. das Wolga-Gambit:

1.d2—d4	Sg8—f6
2.c2—c4	c7—c5
3.d4—d5	b7—b5!?
4.c4xb5	a7—a6

Bei Annahme des Gambits mit 5.b5xa6 Lc8xa6 kann Schwarz trotz Bauernminus ein Gegenspiel auf den drei Linien a – b – c aufziehen. Weiß zieht es oft vor, das Gambit daher nicht anzunehmen, sondern mit 5.Sc3 ab5: 6.e4 fortzusetzen.

Aus der Mode gekommen sind das Budapester Gambit 1.d2—d4 Sg8—f6 2.c2—c4 e7—e5 und ebenso Albins Gegengambit 1.d2—d4 d7—d5 2.c2—c4 e7—e5.

Gardez!

Der Warnruf gilt der gegnerischen Dame, wenn sie bedroht wird. Er stammt aus dem Französischen und bedeutet soviel wie: »Achtung, die Dame ist in Gefahr!« Nach den Regeln braucht man den Gegner auf die Gefahr nicht aufmerksam zu machen, schon gar nicht in Turnieren! Nur in Freundschaftspartien kann ein solcher Hinweis verständlich sein.

Generalabtausch

Ist der Weg frei zu einem gewonnenen Endspiel, trachtet der Spieler nach Abtausch der überflüssigen Steine; denn so lange mehrere Figuren auf dem Brett sind, kann es noch Überraschungen geben. Um diese auszuschalten, wird der Abtausch – am besten ein Generalabtausch – angestrebt. Das folgende Beispiel aus der Praxis von Capablanca könnte aber auch in die Rubrik »Abwicklung« (zum Endspiel) gehören:

Capablanca – Villegas (1914)

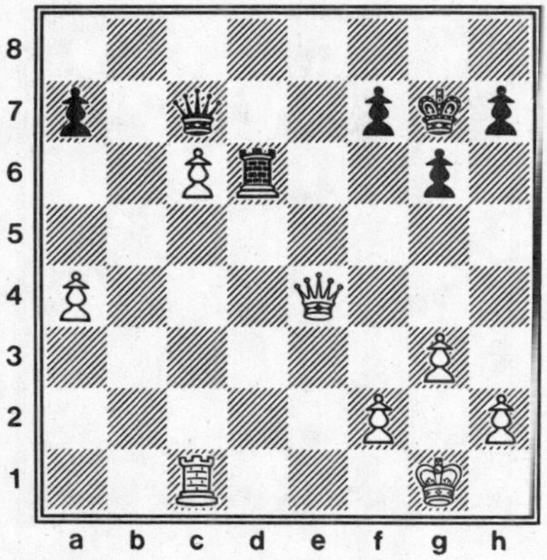

Weiß gewinnt durch Abtausch

Wo ist denn hier eine Tauschmöglichkeit, geschweige denn ein Generalabtausch?

1.De4—e5+ f7—f6
2.De5xd6! Dc7xd6
3.c6—c7

Der Freibauer kann nur durch Damenopfer von der Umwandlung aufgehalten werden.

Gens una sumus

Der lateinische Wahlspruch der FIDE wurde schon 1924 bei der Gründung des Weltschachbundes gewählt: *Wir sind eine Familie.* Das Emblem wird bei allen FIDE-Turnieren gezeigt, obwohl FIDE-Präsident Dr. Euwe 1976 zu mir sagte: »Dieses Motto mochte damals stimmen, heute aber ist es überholt.«
Man braucht dabei nicht nur an den Boykott der 22. Schacholympiade 1976 in Israel durch die Ostblockländer und die arabischen Staaten denken.

Großmeister

Siehe Seite 131 »Wieviele Großmeister gibt es?«

Grundlinienmatt

Das Matt auf der ungeschützten Grundreihe tritt dann ein, wenn Turm oder Dame des Gegners auf der Grundlinie auftauchen und der König noch kein Luftloch besitzt. Auf der Schwäche der Grundreihe basiert so manche Kombination.

Hängepartie, hängen, hängt

Siehe »Abbruchstellung, Abgebrochene Partie«.

Ein Stein, der angegriffen ist und nicht gedeckt wird, »hängt«.

Eine abgebrochene Partie hängt zwischen Abbruch und der Zeit der Wiederaufnahme. In der Zwischenzeit spricht man von der Hängepartie.

Auf Seite 39 sehen wir in der Partie Sandrin – Labin in der Diagrammstellung nach 12.Sa4—b6 zunächst den Ta8 hängen, aber auch der angreifende Springer selbst hängt, denn die schwarze Dame kann ihn schlagen.

Handicapvorstellung

Eigentlich ist jede Vorstellung eines Schachmeisters ein Handicap, denn er muß immer den Gegnern etwas vorgeben, ob bei der Simultanvorstellung oder in der Blindvorstellung. Unter Handicapvorstellung versteht man aber eine ganz bestimmte schachliche Disziplin: ein Meister spielt gegen acht oder zehn gute Gegner unter turniermäßigen Bedingungen. Es erhält also jeder Spieler eine Uhr für seine Partie, wobei die Bedenkzeit 2 Stunden für 40 Züge beträgt. Die gleiche Bedenkzeit erhält ebenso der Meister – aber eben für alle 8 oder 10 Partien zusammen! Es ist also sein Handicap, daß er in vier Stunden nicht 40 Züge wie seine Gegner, sondern 400 Züge machen muß. Der Handicapspieler sieht ja an jeder Uhr seine verbrauchte Bedenkzeit. Die Qualität der Gegner, und damit der Partien, ist hier aber eine andere wie bei Simultanvorstellungen. Während Beratungspartien heute kaum mehr in öffentlichen Veranstaltungen für das Publikum geboten werden, sind Handicapvorstellungen vor allem bei Besuchen von Großmeistern anzutreffen.

Hineinziehungsopfer

Vorwiegend ein Problemausdruck, doch kann das Hineinziehungsopfer auch in der praktischen Partie vorkommen. Es bedeutet, daß der König durch ein Opferangebot ins Mattnetz hineingezogen werden soll. Ein Beispiel:

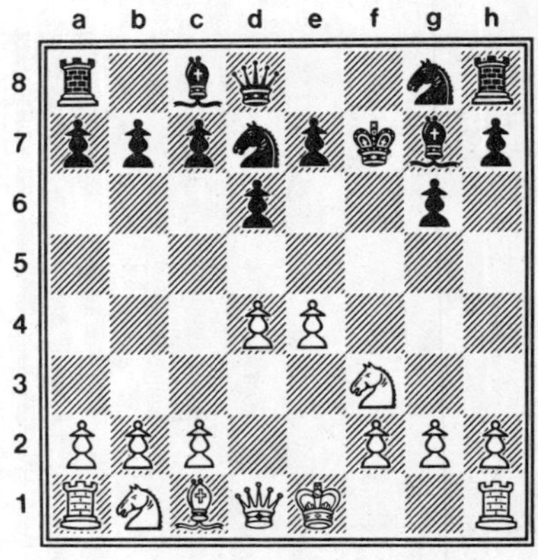

Stellung nach 5....Ke8xf7

1.e2—e4 g7—g6
2.d2—d4 Lf8—g7
3.Sg1—f3 d7—d6
4.Lf1—c4 Sb8—d7??
5.Lc4xf7+!

Der König wird ins Mattnetz durch das Opfer hineingezogen – durch ein Hineinziehungsopfer.

5.... Ke8xf7
6.Sf3—g5+

Schwarz hat jetzt die Wahl, nach 6....Ke8 oder 6....Kf8 mit 7.Se6(+) entweder die Dame zu verlieren oder nach 6....Kf7—f6 sich durch 7.Dd1—f3 mattsetzen zu lassen.

Th. Schuster (Funkillustr. 1930)

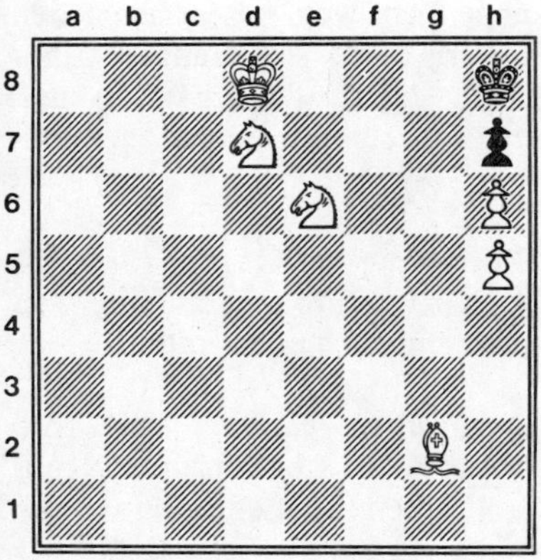

Matt in drei Zügen

Die Lösung zeigt als Idee ein Hineinziehungsopfer – womit schon ein guter Teil verraten ist, oder?

Hilfsmatt

Siehe Seite 84 »Problem«.
Beim Hilfsmatt zieht Schwarz an.

Indisch
(in Problem und Partie)

Als der englische Schachmeister Howard Staunton, auch Organisator des 1. Internationalen Schachturniers in London 1851, in London 1845 das »Indische Problem« veröffentlichte, löste das eine Sensation aus. Niemand fand die Lösung des Problems, das von dem englischen Reverend H. A. Loveday aus Indien eingesandt worden war. Bis heute gibt es unzählige Schachaufgaben, Dreizüger und Mehrzüger, die die Indische Idee zum Inhalt haben. Es handelt sich um einen weißen Schnittpunkt zweier ungleichschrittiger Figuren. Eine Dreifachaufgabe mag dies am besten illustrieren (Diagramm auf S. 72):

a) wie Diagramm
b) Ba3 nach g5 = 3+
c) Ba3 nach g2 = 3+

Lösung a):
Der gemeinsame Schnittpunkt von T+L ist das Feld c7. Dieses sogenannte »kritische« Feld überschreitet der Turm mit 1.Tc8! a6. Danach besetzt der Läufer den Schnittpunkt mit 2.Lc7 und hebt zugleich das Patt mit 2....Kc5 auf, wonach der Mattzug 3.Le5+ folgt.

Dr. W. Speckmann, Hamm
(L'Echiquier, Paris 1955)

Matt in drei Zügen

Lösung b):
1.Lb8! a6 2.Tc7 Ke5 3.Tc4+. Diesmal haben T+L ihre Funktion vertauscht. Der Läufer führte den kritischen Zug nach b8 aus und überschreitet dabei den Schnittpunkt c7. Im 2. Zug besetzt der Turm den Schnittpunkt, um das Patt aufzuheben. Es folgt das für den Inder typische Abzugsschach.
Lösung c):
1.Lb1! a6 2.Tc2 Ke4 3.Tc4+
In der dritten Variation erfolgt der Mattzug durch ein Doppelschach der beiden weißen Langschrittler.
Die *Indischen Eröffnungen* der Schachpartie haben eigentlich mit dem Land Indien, das zwar das Ursprungsland des Schachs ist, direkt nichts zu tun. Der Spielanfang 1.d2—d4 Sg8—f6 wurde bereits 1840 von indischen Brahmanen gepflegt und später von den deutschen Meistern Louis Paulsen und Riemann sowie M. Tschigorin angewandt. Aber erst die Neuromantiker Reti, Breyer, Nimzowitsch und Dr. Tartakower haben in den zwanziger Jahren diese und andere neue Eröffnungssysteme methodisch erforscht und angewandt. Vor allem dem Nachziehenden wurden zum Gegenspiel und zur Verteidigung aktive Aussichten eröffnet. Der Name »Indische Eröffnungen« wurde nach 1920 für die neuen Spielanfänge eingeführt, weil sie entgegen den bisherigen Anschauungen über Eröffnungen etwas ganz Neues, etwas Geheimnisvolles darstellten.

Die wichtigsten Gruppen von Indischen Eröffnungen, die man heute unterscheidet, sind:

Nimzowitsch-Indisch: 1.d4 Sf6 2.c4 e6 3.Sc3 Lb4 (indirekte Kontrolle über den Zentralpunkt e4).
Königsindisch, die »Königin« der schwarzen Eröffnungssysteme (doch gibt es ebenso weiße »Königsinder«): 1.d4 Sf6 2.c4 g6 3.Sc3 Lg7 4.e4 d6 5. Sf3 0—0 6.Le2 e5.
Grünfeld-Indisch, benannt nach

dem Wiener Großmeister Grünfeld: 1.d4 Sf6 2.c4 g6 3.Sc3 d5
Königsindischer Angriff, 1.Sf3 d5 2.g3 Sf6 3.Lg2 Lf5 4.d4 e6 5.0—0 Le7 6.c4 0—0. Weiß unterläßt in vielen Fällen den Doppelschritt des Damenbauern und stellt sich ebenso auf wie Schwarz in Königsindisch, also mit d2—d3 und nachfolgendem e2—e4.
Damenindisch: 1.d4 Sf6 2.c4 e6 3.Sf3 b6 4.g3 Lb7 5.Lg2 Le7 6.Sc3 0—0 7.0—0 Se4.
Doppelindisch: 1.Sf3 Sf6 2.g3 g6 3.b3 Lg7 4.Lb2 0—0 5.Lg2 d6 6.d4 Lg4 7.0—0 c6 (Vadasz-Portisch, 1975).

Ingo-System

Der Name rührt von der bayrischen Stadt Ingolstadt her, aus der A. Hößlinger (†), der Entdecker dieses Wertungssystems, stammt. Es wird erstrebt, die Spielstärke eines Schachspielers festzuhalten und in ihren Veränderungen aufzuzeichnen. Dazu werden die Resultate auf den Turniertabellen und die Ergebnisse von Wettkämpfen miteinander verglichen und ausgewertet. Wie beim Elo-System, soll auch beim Ingo-System die Klassifizierung eines Spielers im voraus ermöglicht werden. Die Einstufung bei Länderkämpfen, Turnierklassen usw. wird erleichtert. Je niedriger die Ingo-Zahl ist, desto größer ist die Spielstärke.

Die Ingo-Rangliste und Werte der sieben deutschen Großmeister: 1. R. Hübner 30 (aus 62 Turnieren), 2. H. Pfleger 39 (63), 3. Unzicker 42 (130), 4. Pachman 43 (97), 5. Darga 44 (84), 6. L. Schmid 46 (101), 7. Hecht 50 (105). Stand Mitte 1979.
Die Ziffern der Spitzenspieler auf Meisterebene einzelner Bundesländer bewegt sich zwischen 60 und 75. Diese Ziffer entspricht der Ziffer 2200, mit der die Einstufung beim Elo-System beginnt.
Auskunft über Einzelheiten erteilt die deutsche *Ingo-Zentrale: Karl-Heinz Glenz, Friedenau 22, 4270 Dorsten 2, Telefon 02362–62293.*

Interzonenturnier

Die Vorstufen auf dem Weg zur Schachweltmeisterschaft sind: Zonenturniere (11), Interzonenturniere, Kandidatenturniere und Zweikampf zwischen Herausforderer und Weltmeister. Es werden zwei Interzonenturniere ausgetragen. Die drei ersten Sieger gelangen in die nächste Qualifikation, in die Kandidatenwettkämpfe mit acht Konkurrenten.

»J'adoube«

Nach Artikel 8 der Spielregeln des Weltschachbundes »Der berührte Stein« (siehe auch Seite 137) ist jeder Spieler berechtigt, nach vorheriger Ankündigung eigene und auch gegnerische Steine auf dem Brett zurechtzurücken. Diese Ankündigung geschieht mit dem französischen Ausdruck »J'adoube« = ich rücke zurecht. Selbstverständlich ist auch die deutsche Ausdrucksweise gestattet.

Kaffeehausschach

Der Meister spricht von Kaffeehausschach, weil die Mehrzahl der Besucher sich aus unorganisierten und schwächeren Spielern rekrutiert. Der Ausdruck Kaffeehausspieler oder Kaffeehausschach ist nicht in jedem Fall abwertend gemeint. Der frankopolnische Großmeister Janowski bezeichnete alle, die ihn einmal im Turnier besiegten, als Kaffeehausspieler, »Leute, die die Turnierleitung niemals hätte zu dem Turnier zulassen dürfen!«
Der Leser vergleiche auch die Schilderung von Rudolf Spielmann aus dem Kaffeehausmilieu auf Seite 60.

Kandidatenturnier

Im Weltmeisterschaftsmodus der FIDE werden die Kandidaten zur Weltmeisterschaft ermittelt. Außerdem soll der Herausforderer des Weltmeisters gefunden werden. In der vorletzten Stufe des dreijährigen Modus werden die Kandidatenwettkämpfe mit acht Teilnehmern gespielt. Diese setzen sich aus den Siegern der beiden Interzonenturniere und dem Exweltmeister zusammen.

Kiebitz

Beobachter und Zuschauer einer Schachpartie. Der Kiebitz sollte beim Schachspielen keine »schlauen« Hinweise geben, denn meist freut der Rat nur den Ratgeber. Er darf sich nur dann unaufgefordert in das Spiel einmischen, wenn:
a) das Brett nicht richtig aufgestellt wurde,
b) man einen Stein falsch gesetzt hat oder vergaß, ihn aufzustellen,
c) ein regelwidriger Zug vorgenommen wurde.
Aus den Regeln für Blitzturniere kann der Leser ersehen, daß die Blitzspieler massiv gegen störende Kiebitze vorgehen. Ihnen wird bei Einmischung Saalverweis angedroht!

König

Er ist die wichtigste Figur im Schach. Seine Gangart ermöglicht ihm, jedes benachbarte Feld im nächsten Zug zu betreten.
Eine Partie ist gewonnen, wenn es für den im Schach stehenden König keinen Weg mehr gibt, sich aus diesem Schachgebot zu befreien. Der mattgesetzte König wird niemals geschlagen – es genügt seine Gefangennahme.

Kombination

Eine vorausberechnete Zugfolge über mehrere Züge. Eine korrekte Kombination erfordert exakte Vorausberechnung. Ziel der Kombination: entweder materiellen oder positionellen Vorteil erringen oder mittels einer Mattkombination den gegnerischen König mattsetzen.
Beim Kandidatenturnier in Amsterdam 1964 wurde der Großmeister W. Smyslow von einem Journalisten bedrängt, wie weit er denn bei einer Kombination voraussehen könne. Der sowjetische Großmeister antwortete: »Soweit ich es sehe!« Der Journalist war mit dieser unverbindlichen Auskunft nicht zufrieden und fragte weiter: »Aber wie weit ist das?« Der unerschütterliche Smyslow antwortete weiter in Rätseln: »Soweit ich es berechnen kann!«
Der kubanische Weltmeister J. R. Capablanca pflegte auf solche Fragen zu antworten: »Immer einen Zug mehr als der Gegner!« Er sah alles souverän, er brauchte kaum zu rechnen. Sein Schachgefühl war sein Kompaß, auf das er sich, ebenso wie Paul Morphy, verlassen konnte. Es befreite Capablanca in vielen Fällen von der Schwerarbeit des Vorausrechnens.

Cuellar – Reshevsky
(Interzonenturnier Sousse 1967)

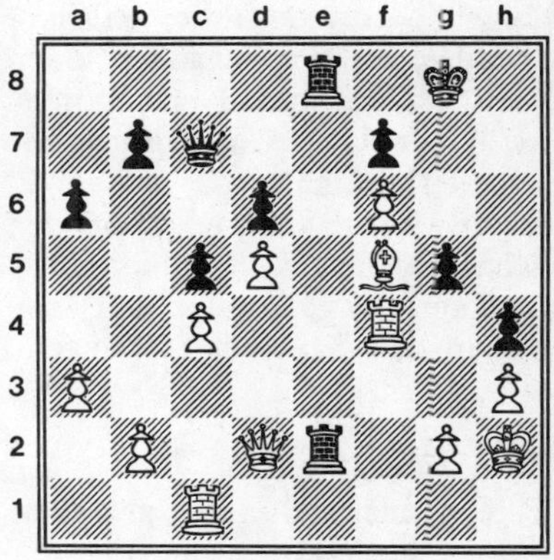

Weiß am Zug (nach Te2)

Der amerikanische WM-Kandidat Reshevsky hatte im früheren Stadium der Partie ein Remisangebot des Kolumbiers abgelehnt. »Hat sich Weiß verkombiniert?« fragten sich alle. Aber der Großmeister hat weit vorausgesehen, als er sich auf diese Stellung einließ. Mit einem einzigen Zug wurde die schwarze Stellung niedergestreckt – welcher Zug ist das?
Lösung: Der Amerikaner drückte sich ähnlich souverän wie Capablanca aus: »Einen Zug mehr als mein Gegner!« Nach Tf4—e4!! mußte Schwarz kapitulieren.

Kombinationsspiel

Das Kombinationsspiel kann erst dann erfolgen, wenn das entsprechende Positionsspiel vorausgegangen ist. Bevor aber Kombinationen möglich sind, müssen vom

Gegner entweder die entsprechenden Fehler begangen oder wie schon erwähnt, die positionellen Grundlagen im voraus geschaffen worden sein.
In den ersten Jahren wird der Schachspieler das Kombinationsspiel bevorzugen, das hauptsächlich in den ›Offenen Stellungen‹ möglich ist.

Kreuzfesselung

Eine Kreuzfesselung ist zwischen zwei gleichschrittigen Figuren möglich. Hier die Endphase einer Studie von A. Troitzky:

A. Troitzky (Trudovaja Prawda 1927)

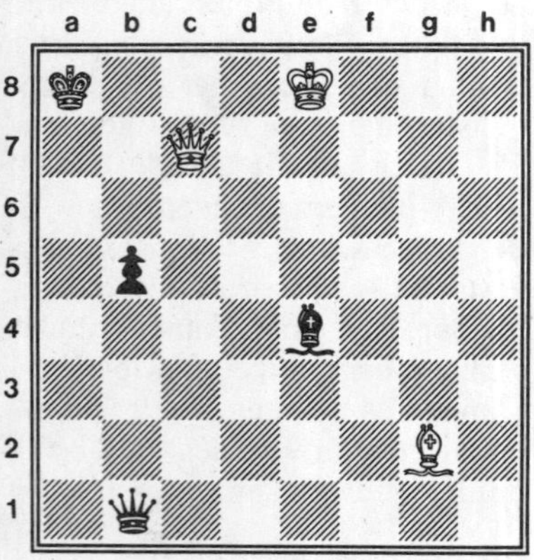

Stellung nach Lh7—e4

Eine Fesselung ist hergestellt, die der weiße Läufer auf der Schrägen a8—h1 ausübt. Mit Dc7—h7!! kommt es nun zur Kreuzfesselung. Schlägt der zweifach angegriffene schwarze Läufer auf g2, dann fällt mit Dh7xb1 die schwarze Dame. Nicht erlaubt ist ja das Schlagen der Dame auf h7, weil der schwarze Läufer »über Kreuz« gefesselt ist. Nach den weiteren Zügen Ka8—b8, Lg2xe4 verliert Schwarz infolge der Mattdrohung auf b7 auch noch die Dame. Die *Ausgangsstellung* der Studie: *Ke8 Lh3 Bc5; Ka8 Lh7 Bb5 b3. Lösung: 1.c6 b2 2.c7 b1D 3. c8D+ Ka7 4.Dc7+ Ka8* (Ka6 5. Lc8+) *5. Lg2+ Le4* und weiter wie oben.

Kreuzfesselung versagt

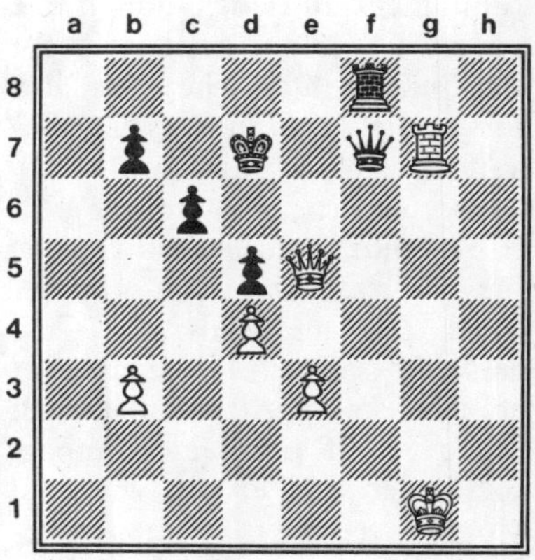

Schuster – Pfeiffer
(Deutsche Meisterschaft Berlin 1953)

Schwarz am Zug hatte die Fesse-

lung seiner Dame zugelassen, weil er sah, daß eine Kreuzfesselung das Dilemma für ihn lösen würde:
1....Tf8—g8
Doch 2.De5—f5+! zerstörte die Hoffnung!

Läufer

Er zieht und schlägt nur auf den Diagonalen.
Jede Partie verfügt über einen Läufer, der sich auf den hellen Feldern, und einen, der sich auf den dunklen Feldern bewegt.

Lavieren

In ausgeglichenen Stellungen muß vorsichtig operiert, eben laviert werden. Gewöhnlich versteht der Schachspieler unter Lavieren das stumpfsinnige Umherziehen und Abwarten darauf, daß der Gegner einen Fehler begeht. Genau das ist die Taktik vieler Meister auf Turnieren, vor allem dann, wenn die Position ausgeglichen ist, aber ein Remisvorschlag nicht opportun scheint oder vom Gegner abgelehnt wird. Lavieren bedeutet aber auch, daß an verschiedenen Fronten vorgegangen wird oder daß ein Spieler droht, dort etwas unternehmen zu wollen; einmal am Damenflügel, dann wieder am Königsflügel, ein anderes Mal gegen feindliche Bauernschwächen. Und das alles, ohne sich selbst festzulegen oder strukturell die Stellung zu verändern.

Ein klassisches Beispiel des Lavierens in einer modernen Großmeisterpartie 1976:

U. Andersson – J. Smejkal

1.Sf3 Sf6 2.g3 g6 3.Lg2 Lg7 4.0—0 0—0 5.c4 d6 6.Sc3 Sc6 7.d3 Sh5 8.d4 e5 9.d5 Se7 10.e4 c5 11.Ld2 Ld7 12.a3 Sc8 13.De2 Sb6 14.b3 De7 15.Se1 a5 16.Tb1 Tfc8 17. Sc2 f5 18.ef5: Lf5: 19.Se4 Sd7 20.Se3 Le4: 21.Le4: Tf8 22.Tfe1 b6 23.Lg2 Kh8 24.b4 ab4: 25.ab4: Ta2 26.Sf1 Shf6 27. Ta1 Tfa8 28.Lc3 Ta1: 29.Ta1: Ta1: 30.La1: cb4: 31.Db2 Sc5 32.Db4: Sfd7 33.Da3 e4 34.Da8+ Df8 35. Df8:+ Sf8: 36.Lg7:+ Kg7: 37.Sd2 Kf6 38. Le4: Ke5 39.Lf3 Kd4 40.Le2 Sa4 41.Sf3+ Kc3 42.Sg5 Sb2 43.Se4+ Kd4 44.Sd6: Kc5 45.Se4+ Kd4 46.Sg5 Sc4: 47.Se6+ Se6: 48.de6: Sd6 49.e7 Kc5 50. Lg4 Kc6 51.Le6 g5 52.f4 gf4: 53.g4 Se8 54.g5 Kd6 55.Lf5 Ke7: 56. Lh7: Sd6 57. Kg2 Sf7 58.h4 Se5 59.Kh3 Kf8 60. Lc2 Kg7 61.La4 Kg6 62.Lb5 Kf5 63.La4 Kg6 64.Lc2+ Kg7 65.Le4 b5 66.Lf5 b4 67.Lc2 Kh8 Remis.

Lebende Schachpartie

Vorführung einer Schachpartie auf überdimensionalem Schachbrett, meist im Freien, wobei Bauern und Figuren von malerisch kostümierten Personen dargestellt werden.

Leichtfiguren
sind Läufer und Springer.

Linien
Die acht aufeinanderfolgenden Felder auf dem Schachbrett, die von der einen Seite zur anderen verlaufen, heißen »Linien«.

Luftloch
Um einem Grundlinienmatt nicht zum Opfer zu fallen, ist es in der Partie angebracht, rechtzeitig ein »Luftloch« für den König zu machen. Dazu sind die Züge h2—h3, g2—g3 (bei 0—0 von Weiß), a2—a3, b2—b3 (bei 0—0—0), und bei Schwarz die Züge h7—h6, g7—g6 oder bei 0—0—0 b7—b6 und a7—a6 angebracht. Oft laufen die Partien aber in

Meisterschaft von Ungarn 1956

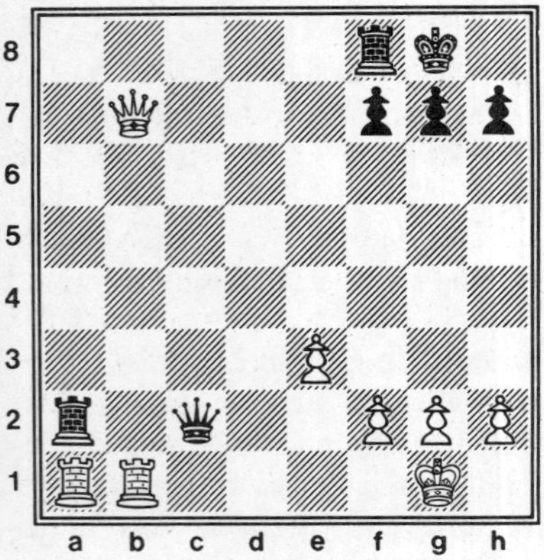

Füster (am Zug) – Balogh

solch einem Tempo ab, daß man keine Zeit für diese Maßnahme findet. Dann sind manche Kombinationen nicht möglich oder noch schlimmer – man wird selbst durch eine Mattkombination überrascht, weil das Luftloch fehlt.

Unverständlich, daß Weiß nicht die naheliegende Vereinfachung mit Turmtausch 1.Ta2: Da2: und mit 2.h3 das nötige Luftloch für derartige Stellungen wählte.

Es geschah 1.Db7—f3?, wonach ein wahrhaft brillanter Zug zum Aufgeben zwang: 1....Dc2—b2!!!

Der zweimal angegriffene Turm kann sich nicht in Sicherheit bringen.

Wird die Dame geschlagen, setzt Ta1:+ auf der entblößten Grundreihe in 2 Zügen matt.

Märchenschach
Siehe Seite 84 »Problem«.

Magnetschachspiele
Meistens sind es Taschenschachspiele die 18×9×2 cm groß und zusammenklappbar sind. Sie haben flache Figurenplättchen, die magnetisch auf der Blechunterlage haften. Es gibt aber auch Magnetschachspiele, die 22×22 cm groß sind und 7 cm hohe Figuren haben. Sie sind ebenfalls zusammenklappbar und beanspruchen wenig Platz im Spiel und in der Aufbewahrung.

Mansube

Vorgänger des heutigen Schachproblems. Die Araber verfaßten künstliche Stellungen, die in der Lösung überraschende Wendungen zum Inhalt hatten – im Gegensatz zu dem damals langweiligen Partieschach. Denn bis Ende des 15. Jahrhunderts waren die Zugmöglichkeiten von Dame und Läufer minimal (die Dame ein Schritt, der Läufer durfte ein Feld überspringen). Diese Aufgaben wurden Mansuben genannt. Sie waren meist mit Legenden und Geschichten ausgeschmückt und hatten einen eingleisigen Lösungsverlauf.

Mannschaftskämpfe

Wettkämpfe, bei denen mehrere Spieler ein Team, eine Mannschaft bilden. Mannschaftskämpfe werden auf Vereinsebene bis zu internationalen Begegnungen ausgetragen. Dem Spielen innerhalb einer Mannschaft muß eine sportliche und soziale Bedeutung beigemessen werden. In einer Mannschaft mit acht Spielern, wie dies von der Bundesliga bis zur A-Klasse üblich ist, steht der einzelne Spieler nicht allein, sondern ist mit einer festen Gemeinschaft kameradschaftlich verbunden. Selbst wenn drei Spieler verlieren und einer remis spielt, gewinnt die Mannschaft noch immer mit 4½ : 3½ Punkten; die unterlegenen Spieler der Siegermannschaft gehören auch zu den Gewinnern. Bei der Mannschaftsweltmeisterschaft (Schacholympiade) wird an vier Brettern gespielt; bei der europäischen Mannschaftsmeisterschaft, zu der 1977 unter acht Mannschaften auch die Bundesrepublik zählte, sind es acht Bretter. Der Europacup für Vereinsmannschaften wird an sechs Brettern gespielt. (1976 Moskau und SG Solingen gemeinsam Sieger!)
Bei den Schacholympiaden stellen die Damen getrennte Mannschaften. 1970 in Skopje (YU) spielte in der Herren-Mannschaft von Zypern auch eine Frau.

Materialvorteil

Ein Materialvorteil tritt dann ein, wenn ein Spieler mit einem Stein einen anderen feindlichen Stein von höherem Wert schlägt. Erhält man für einen Bauern eine gegnerische Figur, so ist das ein großer Materialvorteil. Gewinnt man für einen Springer oder Läufer eine Dame oder einen Turm des Gegners, bedeutet das einen noch größeren Materialvorteil. Da ein materielles Übergewicht fast immer zum Sieg reicht, seien die gebräuchlichsten Wege dazu erläutert:

1. Der einfachste Weg besteht darin, daß der Gegner eine Drohung übersieht oder sich ungenügend dagegen verteidigt.

2. Ein Spieler gibt Schach und bedroht gleichzeitig einen oder mehrere gegnerische Steine.
3. Typische Angriffsfinessen wie die Fesselung oder die Gabel führen meist zu Materialgewinn.

Um sicher zu gehen, ob ein Tausch rentabel oder unrentabel ist, muß der Wert der Steine bekannt sein. Langjährige Erfahrungen legen folgende Werte zugrunde:

Dame	9 Punkte
Turm	5 Punkte
Läufer	3 Punkte
Springer	3 Punkte
Bauer	1 Punkt

Matt

»Matt« kommt aus dem Arabischen und heißt soviel wie »er ist tot«. Es wurde früher nur »Mat« geschrieben, und noch in Schachzeitungen vor 1920 hieß es unter einem Schachproblem »Mat in ... Zügen«.

Matt bedeutet, daß der im Schach stehende König kein Feld mehr betreten kann, das nicht von einem feindlichen Stein beherrscht ist. Ein König ist matt, wenn es unmöglich ist,
a) den schachbietenden Stein zu schlagen
b) das Schachgebot durch Dazwischensetzen zu decken
c) den König aus dem Schach zu ziehen.

Die Partie ist von demjenigen Spieler gewonnen, der das Matt erzielt hat. Ein mattgesetzter König wird weder geschlagen noch vom Brett entfernt. Es genügt, eine Stellung zu erreichen, in der der König der Gefangennahme nicht mehr entgehen kann.

Meister, Meisterturniere

Siehe Seite 125 »Wie viele Großmeister . . .« und Seite 96 »Turniere . . .«.

Mittelbauer

sind der Königsbauer (e-Bauer) und der Damenbauer (d-Bauer).

Nachziehender

Der Schwarze.

Nachzug

Der erste Zug von Schwarz.

Narrenmatt

Das kürzeste mögliche Matt kann Schwarz gegen Weiß bereits mit zwei Zügen erreichen: 1.f2—f3 e7—e6 2.g2—g4 Dd8—h4+ – ein Narrenmatt, weil Weiß mithilft.

Ein solcher Fall ereignete sich in der Fernschachmeisterschaft NCCU von Lancashire 1960, am 3. Brett. Ein Spieler mit Weiß war verärgert, daß er vor seiner Mannschaftsaufstellung nicht gefragt wurde. So beschloß er, passive Resistenz zu üben und teilte dem Partner auf einer Karte mit: »1.g2—g4 e7—e5 2.f2—f4, and if 2...Dd8—h4+: thank you!!«

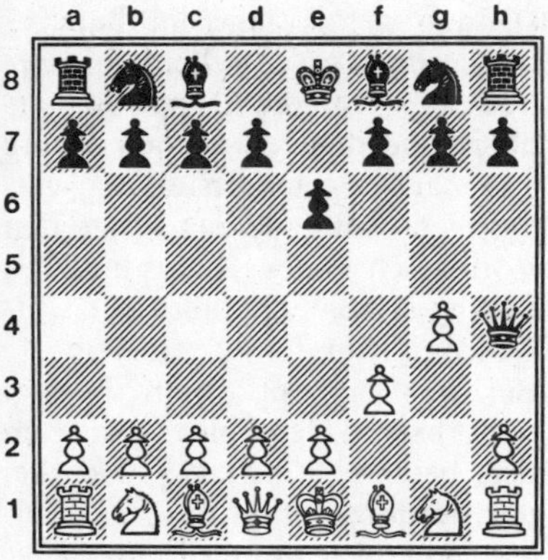

Zum Narrenmatt bei Schwarz sind drei Züge erforderlich; daß Weiß schon im 2. Zug matt werden kann, liegt in der Möglichkeit des ersten Fehlers, den eben Weiß begehen kann.

N. N. (Nomen nominandum)

Herr N. N. ist eine bekannte anonyme Person in der Schachliteratur! Wenn jemand bei einer Niederlage nicht namentlich genannt werden möchte, dann wird einfach die Bezeichnung N. N. verwendet. Nomen nominandum kommt aus dem Lateinischen und heißt »der zu benennende Name«. Sogar Michael Tschigorin firmierte einmal unter der Maske des Herrn N. N., als er nämlich in New York 1889 eine Kurzpartie in nur 13 Zügen verlor. Dennoch war Tschigorin Sieger des Riesenturnieres mit 20 Teilnehmern geblieben (zusammen mit Max Weiß).
Hier diese Partie: *Mason – Tschigorin:* 1.d4 d5 2.Lf4 c5 3.Lb8: Tb8: 4.dc5: Da5+ 5.Sc3 e6 6.e4! Lc5: 7.ed5: Sf6 8. Lb5+ Ke7 9.Sf3 Sd5: 10. Dd2! Sc3: 11.Dg5+ f6 12.Dc5:+ Kf7 13.Le8+ 1:0. (Siehe auch Seite 29 »Amateur«.)

Notation

Siehe Seite 133 »Spielregeln des Weltschachbundes«.

Offene Spiele

Die Schacheröffnungen werden grob unterteilt zwischen
Offene Spiele: Weiß spielt 1.e2—e4 und Schwarz antwortet e7—e5;
Halboffene Spiele: Weiß zieht 1.e2—e4 und Schwarz antwortet z. B. mit e7—e6, oder c7—c6, oder c7—c5, oder g7—g6, oder b7—b6, oder d7—d6, oder Sg8—f6. Ein Mittelding ist Skandinavisch mit 1.e2—e4 d7—d5;
Geschlossene Spiele: Alle Eröffnungen mit 1.d2—d4, 1.c2—c4, 1.Sg1—f3. Nicht eindeutig eingereiht sind Eröffnungen wie 1.f2—f4 (Bird) oder 1.b2—b4 (Orang-utan oder Sokolsky). Zu geschlossenen Eröffnungen kann man auch 1.c2—c3 (Saragossa) oder 1.e2—e3 (Vant Cruiz) zählen, die in der Praxis kaum auftauchen.
Schon Tarrasch wies darauf hin, daß auch eine halboffene Eröff-

nung wie z. B. Französisch nach 1.e2—e4 e7—e6 2.d2—d4 d7—d5 3.e4xd5 e6xd5 zur »Offenen« werden kann, denn das Merkmal der Offenen Stellung, die geöffnete Zentrallinie, ist gegeben.

Offiziere

Siehe Seite 66 »Figuren«.

Opfer

Es gibt Stellungen, in denen ein Spieler bewußt eine Figur »opfert« (aufgibt), um entweder einen materiellen oder positionellen Vorteil zu erlangen. Häufig werden Opfer gebracht, um eine Bresche in die feindliche Königsstellung zu schlagen, nur um ein Matt zu erzwingen.
Zu den feinsten Opfern zählen die Bauernopfer. Sie öffnen die Linien ins feindliche Lager. Viele Opfer werden von Läufer oder Springer auf den allergischen Punkten f7 oder f2 gebracht, damit der König ins Freie gezerrt wird. Zu den Glanzpunkten zählen natürlich die Damenopfer – besonders dann, wenn das wertvolle Stück gratis hergegeben wird! (Vergleiche Seite 98 »Unsterbliche Partie«.)

Opposition

bedeutet Gegenüberstellung beider Könige in gerader oder schräger Richtung und auf Feldern gleicher Farbe. Die Gegenüberstellung der Könige im Bauernspiel erlangt oft entscheidende Bedeutung. Wer die Opposition erobert und den feindlichen König aus der Gegenüberstellung verdrängen kann, der erzwingt den Vormarsch seines Königs und den Einzug seines Feibauern zur Umwandlung auf der letzten Reihe.
Bei der Nahopposition beträgt der Abstand der Felder zwischen den beiden Königen 1 Feld, bei der Fernopposition 3 oder 5 Felder, und zwar immer Felder gleicher Farbe!

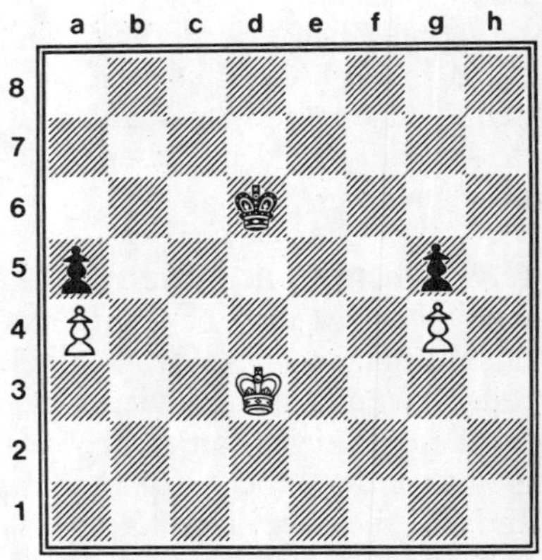

Wer am Zug ist, gewinnt

Zieht Weiß 1.Ke4?, tritt Schwarz mit Ke6 in Opposition, ebenso bei 1.Kc4? Kc6. Wenn Weiß vordringen will, muß er selbst sofort in Opposition gehen mit 1.Kd4! Schwarz muß c5 oder e5 freigeben.

Patt

Das Patt ist eine Remisart, die täuschende Ähnlichkeit mit dem Matt besitzt, und zählt im Turnier, genau wie Remis, ½ Punkt. Beim Matt steht der König im Schach, beim Patt nicht! Bei Patt kann ein Spieler nicht mehr ziehen, *ohne daß dabei der König im Schach steht* – denn sonst handelt es sich ja um Matt.
Reguläre Pattstellungen treten oft in den Bauernendspielen auf:

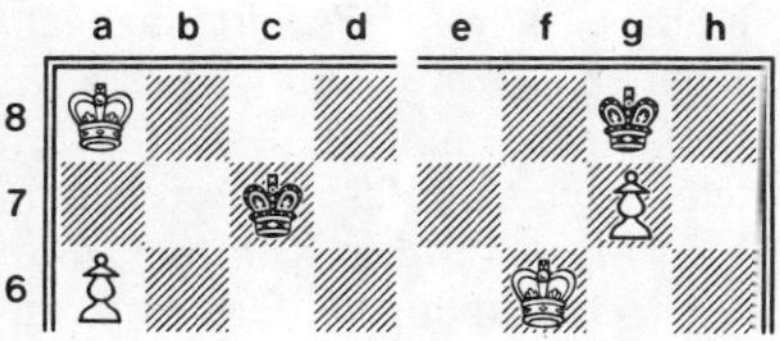

Jeweils Weiß am Zug: Remis

Links würde a6—a7 Kc7—c8 sofort pattsetzen, aber auch bei 1.Ka7 Kc8 2.Kb6 Kb8 3.a7+ Ka8 endet die Geschichte mit Patt oder Weiß muß den Bauern hergeben (ohne Patt, aber eben auch Remis).
Im andern Bild hat Weiß nur die Wahl mit Kf6—g6 pattzusetzen oder den Bauern aufzugeben.

Königlicher Pattschwindel
(SU – Rest der Welt 1970)

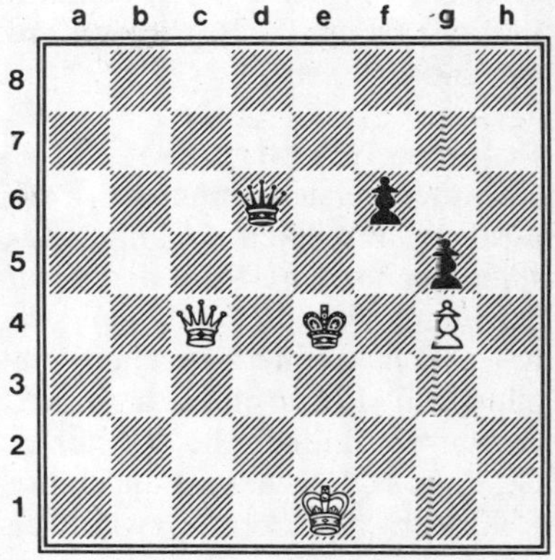

Matulovic – Botwinnik
Stellung nach 92.Dc4+

In dem Damenendspiel steht Schwarz wegen seines Mehrbauern und des (anfälligen) letzten weißen Bauern auf Gewinn. Der Exweltmeister hätte jetzt 92....Dd4! spielen sollen, wonach der König nach f4 läuft und den Bg4 erobert. Falsch wäre jedoch sofort 92....Ke3? wegen 93.De2+ und Kf4 darf wegen Dh2+ mit Damenverlust nicht folgen. Es geschah jedoch 92....Ke4—f3?? 93.Dc4—d3+! mit klassischem Pattschluß: ½:½.

Patzer

Ein beliebter Ausdruck für einen Spieler, der nicht nur schwach spielt, sondern ahnungslos auf alles hereinfällt, auch auf die primitivsten Fallen. Der Ausdruck »Patzer« ist international bekannt und wird auch im Englischen angewandt.

Polerios Eckenspiel

Darunter versteht man die Endposition in einem Damenendspiel, das für eine Seite deswegen gewonnen werden kann, weil sich K + D des Gegners in einer ungünstigen Eckposition befinden. Es war der italienische Meister C. G. Polerio, der bereits im Jahre 1590 den typischen Gewinnweg herausfand:
Kg4 De2; Kg2 Dh1 Weiß gewinnt. Es ist bereits die Endphase von Polerios Eckenspiel erreicht: 1....Kg1 2.Kg3 samt matt in 2 Zügen. (Andere Beispiele aus Turnierpartien im Band »Das Endspiel im Schach«, Seite 34 – 35, Schach bei Franckh.)

Problem

Eine Schachaufgabe wird auch Problem genannt. Schachaufgaben oder Probleme sind künstliche Kompositionen, die jedoch den Regeln des Partieschachs entsprechen müssen. So muß sich jede Stellung aus einer Anfangsstellung erspielen lassen können. Im Problem ist es möglich, Ideen und schöne Gedanken in konzentrierter, gestraffter und ökonomischer Form darzustellen. Das Kunstschach oder Problemschach wird in orthodoxe, direkte Mattaufgaben oder in indirekte Mattaufgaben unterteilt. Zweizüger, Dreizüger oder Mehrzüger bezeichnet man als direkte Mattaufgaben. Es wird dabei der schwarze König mattgesetzt, und in der Regel hat Weiß den Anzug. Indirekte Mattaufgaben sind das Selbstmatt und das Hilfsmatt. Beim *Selbstmatt* erzwingt Weiß, gegen den Widerstand des Schwarzen, das Matt des eigenen Königs. Beim *Hilfsmatt* dagegen arbeiten Weiß und Schwarz zusammen, um das Matt des schwarzen Königs zu erreichen. Das Moment des Kampfes und der Verteidigung entfällt also, an seine Stelle tritt die koordinierte Zusammenarbeit. Beim Hilfsmatt zieht Schwarz an, daher geschehen im Gegensatz zu den direkten Mattaufgaben mehr Zugreihen beim Abspiel der Lösung. Bei einem normalen Dreizüger macht Weiß drei Züge, Schwarz aber nur zwei – es werden also nur 2½ Züge gespielt. Neben dem Selbstmatt und dem Hilfsmatt gibt es noch zahllose weniger populäre Problemarten, die mit Märchenfiguren arbeiten oder auch mit anderen ausgefallenen Forderungen, die dem Partieschach widersprechen, wie Längstzüger (es muß stets der geometrisch längste Zug geschehen) oder Serienzug, Zy-

linderschach usw. Diese Gruppe heißt *Märchenschach.* In der deutschen Problemzeitschrift »Die Schwalbe« werden sämtliche Problemarten gepflegt.
Weiteres über das Problemschach ist im »Problemlexikon« auf Seite 107 zusammengefaßt.

Quadrat

Ein Endspielbegriff. Mit der Regel vom Quadrat kann festgestellt werden, ob ein feindlicher Freibauer vom König noch vor der Umwandlung eingeholt werden kann.
Man zieht in Gedanken ein Quadrat vom Standort des Bauern zum Umwandlungsfeld. Gelingt es im gleichen Zug dem König eines der Felder dieses Quadrates zu erreichen, dann kann der König den Bauern noch vor der Umwandlung einholen. Ein Beispiel:

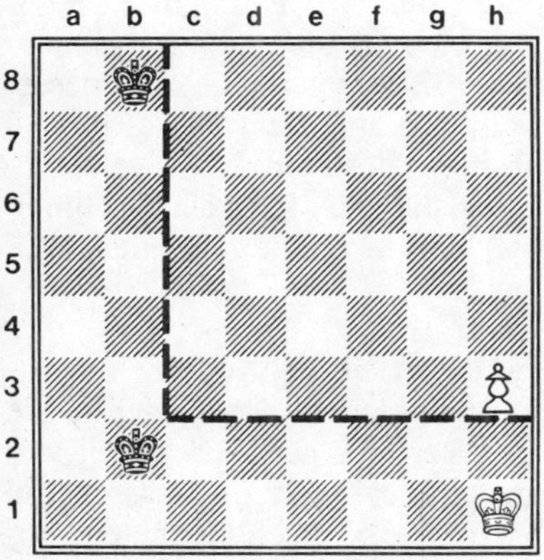

Schwarz am Zug erreicht das Quadrat, egal ob der König auf b2 oder auf b8 steht. Mit dem nächsten Zug kann der König eines der Felder des Quadrates h3—h8—b8—b3—h3 betreten und den h-Bauern an der Umwandlung hindern. (Der weiße König kann nicht mehr wirksam eingreifen.)

Qualität (Qualitätsopfer)

Wertunterschied zwischen einem Turm und einer Leichtfigur. Wer mit einem Läufer oder Springer einen Turm erobert, hat die Qualität gewonnen; wer seinen Turm für einen Läufer oder Springer opfert, hat die Qualität hergegeben, eventuell um andere Vorteile positioneller Art dafür einzutauschen (ausführlich erklärt auf Seite 79 »Materialvorteil«).

Rasenschach

Im Freien angelegte »Schachbretter« aus Steinquader, etwa 6×6 m im Quadrat oder größer. Die Holz- oder Metallfiguren sind entsprechend groß (ca. 60 cm hoch) und oft künstlerisch ausgeführt. Die Rasenschachanlagen erfreuen sich großer Beliebtheit. Für private Gartenschachanlagen sind die Figuren im Handel zu beziehen.

Regelwidriger Zug

Ein Zug, der nicht den Spielregeln

entspricht, ein sog. »unmöglicher« Zug, muß zurückgenommen werden. Welche Sanktionen jetzt in Kraft treten, das ist in den Artikeln 8 und 9 der Spielregeln des Weltschachbundes - »Der berührte Stein« und »Regelwidrige Züge« - genau begrenzt (siehe Seite 138).

Reihen

Die acht aufeinanderfolgenden Felder, die von links nach rechts verlaufen, also von a—h, heißen „Reihen". Die 7. Reihe, die 8. Reihe (von Schwarz aus entsprechend die 2. und 1. Reihe bei Weiß) sind häufig vorkommende Begriffe; man spricht fälschlicherweise statt von der 8. oder 1. Reihe auch von der „Grundlinie".

Remis (Unentschieden)

Wenn keine Seite gewinnen kann, dann ist die Partie remis oder unentschieden. Für Remis oder Unentschieden gibt es in Turnieren ebenso wie beim Patt, einen ½ Punkt. Ab dem 1978 geltenden WM-Modus werden bei Weltmeisterschaftskämpfen die Remispartien nicht mehr gezählt.

Rochade

Einmal im Verlaufe des Spiels darf jede Partei einen Doppelzug - die Rochade - ausführen. Das Ziel ist, den König in sichere Stellung zu bringen.

Wir unterscheiden die kurze (kleine) Rochade 0—0 (mit dem Turm auf dem Königsflügel) und die lange (große) Rochade 0—0—0 auf der Damenseite. Die Rochade wird ausführlich auf S. 12 erklärt.

In Deutschland wurde die Rochade 1839 durch Rudolf von Bilguer eingeführt. In Italien war noch im 18. Jahrhundert die »freie Rochade« üblich, bei der die Regeln nicht streng vorgeschrieben waren. In den Regeln der Ströbecker Schachspieler ist die Rochade bis heute nicht bekannt.

Salonremis

Die sogenannten Salonremisen sind für Veranstalter und Zuschauer eine unerfreuliche Erscheinung. Es handelt sich dabei um rasche Remispartien zwischen zwei Spielern auf Turnieren, bei denen auf jeden Kampf verzichtet wird und sich die Gegner elegant und ohne Anstrengung remis trennen: in ein Salonremis! Auf Seite 32 können Sie nachlesen, was Großmeister Salo Flohr – früher selbst ein Remisspieler – über die friedfertigen Großmeister im Moskauer Turnier 1967 sagt.

Schach-Schäch!

Diesen Ausdruck, der noch heute in Österreich gängig sein soll und der früher auch in Deutschland viel unter Kaffeehausspielern üblich war, findet man heute nur noch wenig. »Schach-Schäch!« bedeutet Angriff des Springers auf König und Dame zugleich – ein Schreckensruf für den Gegner, aber ein Erfolgserlebnis für den »Schächer«. Heute spricht man vom »Familienschach«, wenn K+D gleichzeitig von einem Springer bedroht werden.

Schächer

Volkstümlicher Ausdruck für Schachspieler, in Ein- oder Mehrzahl angewandt.

Schachautomat

Der ungarische Baron von Kempelen baute 1769 im Auftrag von Kaiserin Maria Theresia den schachspielenden Automaten. Er war damals eine Weltsensation, und von Europa bis Amerika setzte ein Rätselraten ein, was es mit dem schachspielenden Türken auf sich haben könne. Der Automat stellte einen Türken in natürlicher Größe dar, der hinter einem hohen Kasten (110 × 75 × 65 cm) in Form eines Schreibtisches saß, auf dem ein Schachbrett mit Figuren stand. Der Türke spielte mit jedem Besucher öffentlich Schach. Vorher wurde den Zuschauern das verwirrende und glitzernde Räderwerk, das durch Spiegeleffekte raffiniert erhöht wurde, bei geöffneten Türen des Automaten gezeigt. Niemand sollte denken, daß im Innern ein Mensch verborgen ist, der die Züge ausführt. Bei seinem Einzug in Wien im Jahre 1809 verlangte Kaiser Napoleon im Schloß Schönbrunn auch den Automaten zu sehen. Er spielte gegen ihn und verlor natürlich, wie fast alle Besucher:

Weiß: Napoleon I.
Schwarz: Der Automat
Schloß Schönbrunn 1809

Zu Beginn nimmt Herr von Kempelen dem Türken die Pfeife aus der Hand. Dann öffnet der Konstrukteur die vorderen Türen des Kastens und zieht die darunter befindlichen Schubfächer heraus. Der Kasten ist in zwei Räume geteilt. Der linke Raum beträgt kaum ein Drittel des rechten und ist mit Triebrädern, Hebeln, Walzen und anderem Uhrwerk angefüllt. Auch ein Kästchen mit roten und weißen Elfenbeinfiguren sowie Buchstabentafeln, mit deren Hilfe der Türke Fragen der Besucher beantworten kann, gehören zum Inhalt. Auch die hinteren Türen des Kastens werden geöffnet, wobei das Triebwerk deutlich zu sehen ist und jeder Zweifel ausgeschlossen wird, es könne sich doch ein lebendes Wesen im Innern des Automaten befinden. Um das Ganze noch glaubhafter zu machen, befestigte der Erfinder im Innern einen brennenden Wachsstock, so daß jedermann bis in die hintersten Winkel sehen konnte. Schließlich wurde auch noch das Gewand der Figur über den Kopf gestülpt, so daß die ganze innere Konstruktion besichtigt werden konnte. Sogar die Pluderhosen des Türken wurden geöffnet, um die letzten Zweifel auszuräumen. Bevor das Spiel begann, legte von Kempelen dem Türken ein Kissen unter den linken Arm, mit dem dieser spielte. War der Automat am Zug, so erhob er langsam seinen Arm und streckte ihn nach der Figur aus, die er ziehen wollte. Er hielt seine Hand kurz schwebend über der Figur, die er ziehen wollte, setzte sie dann auf das bestimmte Feld und zog den Arm wieder in die Ausgangsstellung zurück. Jeder Zug wurde im Innern durch ein Glockensignal angekündigt. War der Gegner am Zug, hob der Türke den Kopf und überschaute das Brett. Ein Angriff auf die feindliche Dame wurde mit zweimaligem Kopfnicken angezeigt, ein Schachgebot durch dreimaliges Nicken. Machte der Gegner einen regelwidrigen Zug, schüttelte der Türke unwillig den Kopf, bei Wiederholung nahm er zur Strafe die betreffende Figur einfach weg. Die Besucher machten sich einen Spaß daraus, den Automaten auf die Probe zu stellen. Nach 10–12 Zügen mußte der Automat aufgezogen werden. Schriftsteller, Gelehrte, Mechaniker und Mathematiker mühten sich viele Jahre vergeblich, das Geheimnis des Automaten zu lüften. Selbst starke Magneten durften vor dem Tisch der Besucher plaziert werden, um auch diesen Verdacht zu beseitigen.

Nun die erwähnte Partie des Automaten gegen Kaiser Napoleon:

1.	e2—e4	e7—e5
2.	Dd1—f3	Sb8—c6
3.	Lf1—c4	Sg8—f6
4.	Sg1—e2	Lf8—c5
5.	a2—a3	d7—d6
6.	0—0	Lc8—g4
7.	Df3—d3	Sf6—h5
8.	h2—h3	Lg4xe2
9.	Dd3xe2	Sh5—f4
10.	De2—e1	Sc6—d4
11.	Lc4—b3	Sf4xh3 +
12.	Kg1—h2	Dd8—h4
13.	g2—g3	Sd4—f3 +
14.	Kh2—g2	Sf3xe1 +

Der Automat setzte im 24. Zug matt.

Und das Geheimnis des Automaten? Erstmals kam der Verdacht auf, daß doch ein Mensch im Kasten sitzen muß – wenn auch von kleiner Statur – als ein pfiffiger Besucher bei einer Jahrmarktsvorstellung plötzlich »Feuer, Feuer!« rief. Alles rannte auseinander, und der Meister öffnete schleunigst den Kasten, um den im Innern spielenden Meister herauszulassen. So gelangte allmählich das Geheimnis an die Öffentlichkeit. Trotzdem dauerte es noch viele Jahre, bis die Zusammenhänge aufgedeckt wurden. Der amerikanische Schriftsteller E. A. Poe löste allein durch kriminalistischen Scharfsinn – und ohne den Automaten zu Gesicht zu bekommen – das Rätsel. Später kaufte der Regensburger Mechaniker L. Mälzel den Automaten. Aber das Interesse war in dem Augenblick erloschen, als das Geheimnis gelüftet war. Als Mälzel 1837 bei der Überfahrt nach Amerika starb, wurde der Automat für 400 US-Dollar nach Philadelphia versteigert. Schließlich fiel das Wunderwerk am 5. Juli 1854 im chinesischen Museum einem Brand zum Opfer.

Schachblindheit

Von der Schachblindheit bleiben selbst die größten Meister nicht verschont. Für die unerklärlichen Mißgriffe aus einer klaren Situation heraus gibt es keine Erklärung. Gemeint sind nicht die alltäglich vorkommenden Versehen schwächerer Spieler. Ohne ersichtliche Begründung übersieht ein Meister plötzlich ein Matt oder es unterläuft ihm ein anderes grobes Versehen. Tarrasch, der Arzt und Schachmeister, sprach von der »Amaurosa Scacchistica« = völlige Schacherblindung.

Schachbriefmarken

Die Postverwaltungen aller Staaten geben Serien von Schachbriefmarken heraus, vor allem die Ostblockstaaten, aber auch viele afrikanische und arabische Länder. Die Bundesrepublik steht vergleichsweise armselig da mit ihrer Serie von Schachbriefmarken, und große Schachereignisse wie die Schacholympiade 1970 in Siegen wurden glatt übergangen. Das Foto (im Tafelteil auf Seite 150) zeigt einen numerierten Briefumschlag mit Sonderstempel und Sondermarke zur Schachweltmeisterschaft 1972 zwischen Fischer (USA) und Spassky (SU).

Schacholympiade

Alle zwei Jahre finden Wettkämpfe um die Mannschaftsweltmeisterschaft statt, die volkstümlich als Schacholympiaden bezeichnet werden. 1927 fanden die ersten Länderkämpfe (16 Nationen) innerhalb des Weltschachbundes statt. In Deutschland ereigneten sich die Olympiaden 1930 in Hamburg, 1936 inoffiziell in München (während der Sportolympiade in Berlin), 1958 in München, 1960 in Leipzig, 1970 in Siegen. (Unter den 60 Nationen waren auch Neuseeland und Japan.) 1976 in Haifa rechnete man mit der Rekordbeteiligung von 80 Nationen – die UdSSR und die Araber boykottierten jedoch die Veranstaltung in Israel und inszenierten eine »Gegenolympiade« in Libyen. Vor dem Zweiten Weltkrieg siegte viermal die USA. Nach dem Krieg übernahm die UdSSR bis heute die Führung – mit Ausnahme von 1950, wo die Russen nicht am Start waren. Die Mannschaft der Bundesrepublik nimmt einen guten Platz, Rang 5 bis 6, in der Siegergruppe ein. 1964, in Tel Aviv, besiegte die deutsche Mannschaft mit Unzicker, Darga, L. Schmid, Pfleger, Mohrlok und Bialas in der direkten Begegnung die UdSSR mit 2½ : 1½ Punkten und errang im Endergebnis die Bronzemedaille hinter Rußland und Jugoslawien.

Schachuhr

Seit dem Jahre 1871, als es in der Leipziger Schachgesellschaft Augustea die erste provisorische Schachuhr gab, begann die Kontrolle und Zumessung der Bedenkzeit für die Züge einer Schachpartie. Auf den ersten internationalen Turnieren in London und Birmingham gab es noch keine Zeitkontrollen. Nach der Verwendung der unhandlichen Sanduhren brachte die Doppeluhr mit Knopfschaltung im Jahre 1900 durch den Holländer Veenhoff die Lösung. Heute sind die Schachuhren auf allen Turnieren der Welt nach demselben Prinzip konstruiert. Zwei Uhrwerke sind nebeneinander in einem Gehäuse angebracht. Hat ein Spieler seinen Zug gemacht, drückt er den Knopf seiner Uhr. Die Uhr stoppt, und die des Gegners beginnt automatisch zu laufen. Wenn beide Uhren vor Beginn des Spieles auf 10 Uhr gestellt werden, so dürfen beide Uhren nach der ersten Zeitkontrolle – wenn z. B. 40 Züge in 2 Stunden vorgeschrieben sind – höchstens 12 Uhr anzeigen, jedoch so, daß der Minutenzeiger die 12 noch nicht überschritten hat. Wenn nämlich ein Spieler seine Bedenkzeit von zwei Stunden verbraucht, bevor sein 40. Zug ausgeführt wurde, so hat er die »Zeit überschritten« und verloren. Die Zeitüberschreitung ist auf der Uhr genau festzustellen, denn dort fällt ein rotes Fähnchen oder Blättchen, wenn die 12 überschritten wird – das »Fallbeil« sagen die Schachspieler. Denn in großer Zeitbedrängnis schwebt der Zeiger der Uhr über der 12 wie das Fallbeil über dem armen Delinquenten. Oft müssen 10 oder mehr Züge in weniger als einer Minute gemacht werden, manchmal in Sekunden. Diese Situation tritt dann ein, wenn der Spieler in den vorausgehenden Zügen zu viel Zeit verbraucht hat – mehr als etwa 3 oder 3½ Minuten im Schnitt pro Zug.

Schäfermatt

1.e2—e4 e7—e5 2.Lf1—c4 Sb8—c6 3.Dd1—f3 d7—d6?? 4.Df3xf7 +.

Die Herkunft des Namens ist ungeklärt. In Jugoslawien nennt man es Schustermatt. Das Schäfermatt funktioniert natürlich nur, wenn der Gegner mitmacht und ein »Schäferstündchen« hält. Dennoch ereignet sich auch in unserer aufgeklärten Schachzeit die einfache Mattführung immer wieder, sogar bei Blitzturnieren.

Scheinopfer

Tauschtrick in der Eröffnung, bei dem zunächst eine Figur geopfert wird, um sie anschließend durch eine Bauerngabel sofort wieder zurückzugewinnen. Es gibt diese bekannten Varianten:

1.e2—e4 e7—e5 2.Sb1—c3 Sb8—c6 3.Sg1—f3 Lf8—c5 4.Sf3xe5! Sc6xe5 5.d2—d4 (Wiener Partie);

1.e2—e4 e7—e5 2.Sb1—c3 Sg8—f6 3.Lf1—c4 Sf6xe4! Ebenso ein Abspiel der Wiener Partie oder auch Läuferspiel. Nach 4.Sc3xe4 d7—d5 hat Schwarz guten Ausgleich. Eine Gewinnstellung erhält Schwarz sogar, wenn Weiß auf f7 opfert mit 4.Lf7: +? Kf7: 5.Se4: d5 6.Df3 + Kg8 7.Sg5 Dd7! usw. 1.e2—e4 e7—e5 2.Sg1—f3 Sb8—c6 3.Lf1—c4 Sg8—f6 4.Sb1—c3 Sf6xe4! 5.Sc3xe4 d7—d5 usw.

Schweizer System

Sind in einem Turnier zu viele Teilnehmer, so daß ein normales Rundenturnier aus zeitlichen und finanziellen Gründen nicht durchgeführt werden kann, dann wird ein verkürztes Turnier nach dem »Schweizer System« gespielt. Vor jeder Runde werden die Paarungen ausgelost, wobei die gleiche Begegnung nicht zweimal eintreten darf. Selbstverständlich wird ein Rundenturnier – jeder gegen jeden – die gerechteste Form eines Schachturniers sein. Beim Schweizer System werden die Spieler, die ungefähr denselben Punktestand aufweisen, in jeder Runde gegeneinander gepaart. Nach vier Runden müssen die Spieler gegeneinander spielen, die je 4 Punkte haben; fehlt ein Partner mit dem gleichen Turnierstand, so wird er nach oben oder nach unten um ½ Punkt eingeteilt. Wer also in den ersten Runden schlechte Ergebnisse aufweist, wird in den folgenden vier bis fünf Runden auch schwächere Gegner erhalten. Er bekommt dadurch die Chance, das Feld von hinten aufzurollen.

Bei der Deutschen Schachmeisterschaft 1976 wurden bei den 26 Teilnehmern 11 Runden gespielt. Diese Distanz genügt, um die ersten vier bis acht Plätze zu ermitteln. Kommt es am Schluß auf die exakte Reihenfolge der vorderen

Plätze an, dann wird das Wertungssystem »Buchholz« herangezogen (siehe »Buchholzsystem«, Seite 43, und »Turnierbestimmungen des DSB«, Seite 147).

Seekadettenmatt

Dieses Matt wurde in der Operette »Der Seekadett« von Segal im Jahre 1887 auf der Bühne vorgeführt:

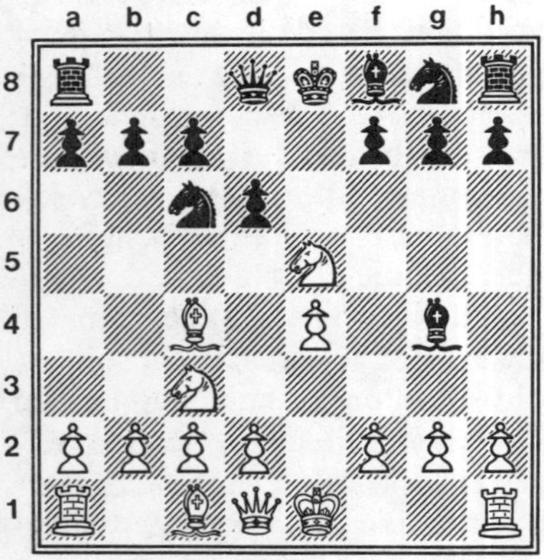

Stellung nach 5.Sf3xe5?!

1.e2—e4	e7—e5
2.Sg1—f3	d7—d6
3.Lf1—c4	Sb8—c6
4.Sb1—c3	Lc8—g4
5.Sf3xe5?!	Lg4xd1??
6.Lc4xf7 +	Ke8—e7
7.Sc3—d5 ‡	

Diese Version ist natürlich unkorrekt, denn Schwarz könnte, anstatt die fette Beute einzuheimsen und matt zu werden, mit 5....Sc6xe5! eine Figur erobern. Das korrekte Seekadettenmatt muß daher so ablaufen:

1.e4 e5 2.Sf3 Sc6 3.Lc4 d6 4.Sc3 h6 5.d4 Lg4 6.de5: Se5: 7.Se5:! Ld1:? 8.Lf7: + Ke7 9.Sd5 ‡.

Sekundant

Bei den ersten Schachturnieren wurden vom Veranstalter Sekretäre gestellt, deren Aufgabe es war, die Partien der Spieler am Tisch aufzuzeichnen. Heute stellen die meisten Schachverbände ihren Weltmeisterschaftskandidaten bei Ausscheidungsturnieren Sekundanten zur Seite. Ihre Aufgabe besteht darin, ihren Schützling gegen äußere Störungen abzuschirmen und für ihn alle anfallenden kleinen Dienste zu erledigen. Handelt es sich um einen Weltmeisterkandidaten, werden ihm von seinem nationalen Schachverband sogar zwei Sekundanten zur Verfügung gestellt. Zum Beispiel wurde Weltmeister Boris Spassky 1972 in Reykjavik eine ganze Delegation von Großmeistern zur Seite gestellt, die den Weltmeister schachlich, psychologisch, sportlich (Tennis!) und materiell zu betreuen hatten. (Schließlich mußte noch seine Frau Larissa aus Moskau anreisen. Aber es half alles nichts: Robert Fischer war der überlegene Spieler.)

Das Sekundantenunwesen ist

schon oft angeprangert worden. Zwar darf der Sekundant während einer Partie nicht eingreifen, doch kann er bei Hängepartien seinen Schützling mit Analysen stark unterstützen. In der Abbruchstellung ist das alles nach den Regeln nicht verboten. Nur hat nicht jeder Meister die Mittel, mehrere tausend Mark für einen Sekundanten aufzubringen.
Robert Fischer und auch Bent Larsen haben es fast immer vorgezogen, sich auf die eigenen Kräfte zu verlassen und Sekundanten abgelehnt.

Selbstmatt

Siehe Seite 84, »Problem«.

Simultan

Eine Simultanvorstellung ist eine Reihenvorstellung, bei der ein Spieler gegen mehrere Spieler zugleich antritt. Tische und Bretter werden zu diesem Zweck meist in Hufeisenform aufgebaut. Der Simultanspieler führt von Brett zu Brett gehend seinen Zug aus. Die Spieler dürfen ihren Gegenzug erst dann ausführen, wenn der Simultanspieler wieder von der Runde ans Brett zurückgekehrt ist. Jeder stärkere Spieler kann nach einiger Übung eine Reihenvorstellung geben, weil er:
1. die Stellung jeder der vielleicht 30 bis 50 Partien ungefähr im Gedächtnis hat;
2. irgendwann jede Stellung schon einmal in seiner Praxis vor Augen gehabt hat.
Die positionellen Erfordernisse sind in ähnlichen Stellungen immer wieder dieselben: die Routine des Meisters wird daher stets gegen die Amateure siegen. Bei der heutigen Spielstärke im Schachpublikum haben es selbst Großmeister schwer. In Hastings 1976 unterlag der sowjetische Weltmeisterkandidat V. Kortschnoj dem 10jährigen Nigel Short nach 47 Zügen. Es war allerdings der einzige Verlust unter 30 Partien! (Siehe dazu auch Seite 28 »Allies . . .« und Seite 31 »Amateure«.)

Sonneborn-Berger

Das Wertungssystem Sonneborn-Berger stammt aus Deutschland. Es muß angewandt werden, wenn sich bei einem Rundenturnier Gleichstand zwischen zwei oder mehreren Spielern ergibt und keine Möglichkeit besteht oder vorgesehen ist, Stichpartien auszutragen. Selbst Meisterschaften werden oft durch Wertung entschieden. Beim System Sonneborn-Berger werden die Punkte der Gegenspieler, gegen die man gewonnen hat, ganz, und der Spieler, gegen die man remis erzielt hat, zur Hälfte addiert.
(Siehe hierzu die Tabelle auf der nächsten Seite.)

Beispiel

Name	W	B	Ma	S	Mü	F	Pkt.	SB
Wagner	0	1	½	1	0	½	3	7,50
Becker	0	0	1	½	½	1	3	6,50
Maier	½	0	0	0	1	1	2½	5,50
Schneider	0	½	1	0	½	½	2½	6,00
Müller	1	½	0	½	0	½	2½	6,50
Franke	½	0	0	½	½	0	1½	

Wagner und Becker hatten mit je 3 Punkten den 1. bis 2. Rang, wer aber soll den ersten Preis gewinnen oder die Meisterwürde erhalten? Zuerst zählt man die SB-Punkte von Wagner zusammen: von Becker 3,00, von Maier nur die Hälfte seiner Punktzahl (gegen ihn nur remis gespielt), also 1,25, von Schneider 2,50, von Müller 0 (gegen ihn verloren) und von Franke die Hälfte von 1,50 Punkten = 0,75. Das ergibt: 3,00 + 1,25 + 2,50 + 0,75 = 7,50 Punkte = Sonneborn-Berger-Wertung.

Nun addiert man die Punkte von Becker: 0, 2,50, 1,25, 1,25 und 1,50 = 6,50 Punkte. Wagner hat also einen SB-Punkt mehr und ist damit Turniersieger vor Becker.

Die drei anderen punktgleichen Spieler müssen jetzt in der Tabelle neu angeordnet werden, denn die Summe der SB-Punkte ergibt die Reihenfolge 3. Müller 2½ (6,50 SB), 4. Schneider 2½ (6,00), 5. Maier 2½ (5,25).

Beachten muß man, daß nur bei einem Rundenturnier die Wertung Sonneborn-Berger angewandt wird, bei Turnieren nach Schweizer-System aber das Buchholz-System. Beim Buchholz-System werden von jedem Spieler, gegen den man gespielt hat, alle Punkte addiert, einerlei, ob man gewonnen, verloren oder remis gespielt hat (siehe Seite 43).

Springergabel

Siehe Seite 62, »Familienschach«.

Steckschach (Taschenschach)

Unter Steckschach versteht man kleine Reiseschachspiele, die aufklappbar sind. Die Figuren werden an Bolzen in die Vertiefungen des Brettes gesetzt (wie beim Schachbrett der blinden Schachfreunde). Mehr verbreitet sind

aber die Taschenschachs oder Brieftaschen-Steckschachspiele.
Für Fernschachspieler, die immer mehrere Partien laufen haben und analysieren möchten, gibt es Taschenschachs mit Mehrfachsätzen bis zu zwölf Spielen.

Ströbeck

Schachdorf Ströbeck (siehe Seite 135).

Tempo (Tempogewinn, Tempoverlust)

Zeit ist ein wertvolles Gut im Schachkampf, übrigens auch im Problem ein Begriff. Tempoverluste in der Eröffnung rühren von folgenden Fehlern her:
1. Zu viele Bauernzüge.
2. Wiederholtes Ziehen derselben Figur.
3. Verfrühtes Ausgehen auf Bauernraub.
4. Vorzeitiges Herausbringen der Dame.
Da es in einer Schachpartie im Mittelspiel und noch mehr in der Eröffnung auf jedes Tempo ankommt, muß der Schachspieler bestrebt sein, solche Tempoverluste zu vermeiden.
Wer mit einer Leichtfigur einen gegnerischen Turm oder die Dame angreifen kann und dabei seine Figur günstig plaziert, der macht Tempogewinn. Bekannte Tempogewinne – für den Gegner Tempoverluste – zeigen diese Eröffnungsepisoden:
1.e2—e4 d7—d5 2.e4xd5 Dd8xd5 (besser und daher üblicher 2....Sg8—f6) 3.Sb1—c3. Der Angriff auf die Dame schenkt Weiß ein Tempo zur Entwicklung; Schwarz dagegen muß mit dem Wegzug seiner schon einmal gezogenen Dame ein Tempo verlieren. Oder: 1.e2—e4 e7—e5 2.d2—d4 e5xd4 3.Dd1xd4 Sb8—c6.
Auch hier gewinnt Schwarz mit dem Angriff auf die Dame ein kostenloses Tempo. Weiß spielt daher besser 3.Sg1—f3 usw.
In den Bauernendspielen erlangen Tempogewinne oder Tempoverluste entscheidende Bedeutung.

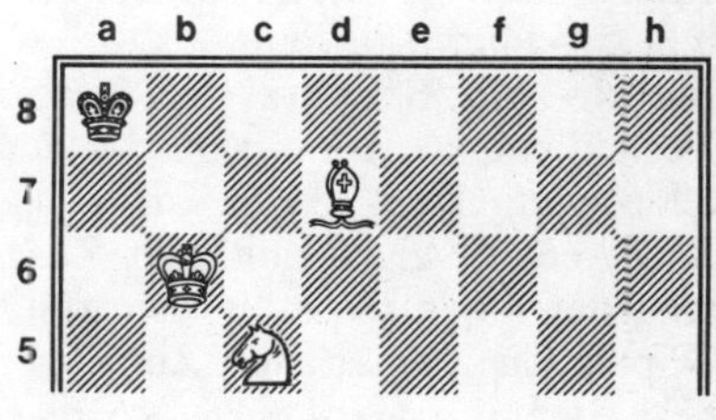

Weiß führt mit dem Läuferzug auf der Schrägen c8—h3 einen Tempozug aus, man sagt auch Abwartezug in diesem Fall: 1.Ld7—e6 Ka8—b8 2.Sc5—a6+ Kb8—a8 3.Le6—d5+.
Schwarz muß in diesem Bauernendspiel ein Tempo verlieren, um zum Sieg zu kommen:

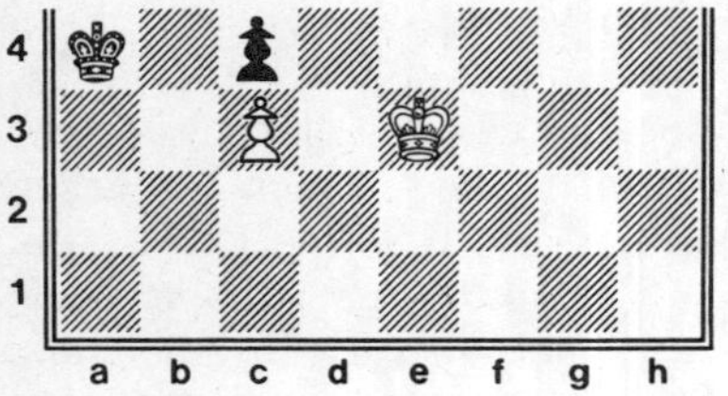

Schwarz am Zug gewinnt!

Falsch wäre 1....Ka4—b3?? 2.Ke3—d4 und Weiß gewinnt nach Eroberung des Bc4. Richtig ist 1....Ka4—a3! 2.Ke3—d4 Ka3—b3! und der Bc3 fällt.
Weiß am Zug kann nur gewinnen, wenn Schwarz falsch operiert: 1.Ke3—e4 Ka4—b3? 2.Ke4—d4 und der Bc4 fällt. Ebenso falsch ist nach 1.Ke3—e4 der Zug Ka4—a3? wegen 2.Ke4—d5 (ein Kampf um Tempi!) Ka3—b3 3.Kd5—d4 und gewinnt.
Richtig für Schwarz ist diese Verteidigung: 1.Ke3—e4 Ka4—a5 2.Ke4—d5 Ka5—b5 3.Kd5—d4 Kb5—b6! Einziger Zug zum Remis, denn der sK muß sich zur Opposition im nächsten Zug bereithalten. 4.Kd4xc4 Kb6—c6 remis. Hier mußten serienweise Tempi verloren werden, einmal von Weiß, dann wieder von Schwarz.

Textzug
Der Zug, der in der Partie tatsächlich geschah. Der Textzug unterscheidet sich bei der Wiedergabe einer Partie von den Variantenzügen, die der Glossator in seinen Anmerkungen vorschlägt oder kommentiert. »Der Textzug wäre besser durch . . . ersetzt worden«, heißt es da zum Beispiel, und man meint dabei den zuletzt geschehenen Zug.

Tripelbauer
Bei drei hintereinanderstehenden Bauern auf der gleichen Linie spricht man von einem Tripelbauer. Ist schon der Doppelbauer, wenn er isoliert steht (kein Anschluß links oder rechts), manchmal ein Nachteil für das Endspiel, so bedeutet die Triplierung von Bauern noch mehr eine Entwertung – allerdings nur im Endspiel! Im Mittelspiel muß ein Tripelbauer nicht unbedingt von Nachteil sein.

Turnier (Meisterschaft)
Wenn das Schachspiel wettkampfmäßig betrieben wird, kann das nur in Wettkämpfen und Turnieren geschehen. Im Turnier stehen sich mindestens drei Teilnehmer gegenüber, die Teilnehmerzahl nach oben ist unbegrenzt. Statt eines Rundenturnieres mit der üblichen Höchstzahl von 20 Teilnehmern (auf den Interzonenturnieren zur Schachweltmeisterschaft) werden Turniere nach dem Schweizer-System abgehalten. An den offenen Meister-

schaften der USA beteiligen sich annähernd 700 Spieler, die dann in zwei bis drei Gruppen nach Spielstärke (Elo-Ziffer!) aufgeteilt werden. Beim Großmeisterturnier von Lone Pine in Kalifornien 1976 waren über 200 Teilnehmer gemeldet, darunter 22 Großmeister (Sieger Petrosjan in 7 Runden mit 5½ Punkten vor neun anderen Großmeistern mit je 5 P.). Vereinsturniere werden meist in zwei bis drei Gruppen nach Stärke unterteilt gespielt. Jeder Landesverband trägt jedes Jahr seine Meisterschaften in den Disziplinen Meisterturnier der Männer, Aufstiegsturnier (B) der Männer, Damenturnier, Jugendmeisterschaft, Seniorenturnier und am Schluß dieser Turniere meist die obligate Blitzmeisterschaft aus. Jeder Schachverband legt spezielle Turnierbestimmungen fest, die Teilnehmerzahl, Bedenkzeit, Spielberechtigung, Auf- und Abstieg, Proteste usw. regeln (siehe Ergänzungsregeln für Turniere und Wettkämpfe).

Das erste Internationale Schachturnier wurde 1851 in London ausgetragen, damals noch in Form von Einzelwettkämpfen nach dem k.o.-System. Sieger war der Breslauer Gymnasiallehrer Adolph Anderssen. Seit 1948 werden zur Ermittlung des Weltmeisters von der FIDE Qualifikationsturniere ausgetragen: den 11 Zonenturnieren im ersten Jahr folgen im Jahr darauf zwei Interzonenturniere, dann die Kandidatenwettkämpfe der acht Qualifizierten und zuletzt der Zweikampf zwischen dem Weltmeister und dem Sieger des Kandidatenturniers, dem Herausforderer. Alles wickelte sich in einem dreijährigen Turnus ab.

Der Weg zur Deutschen Schachmeisterschaft führt über diese Turniere: Sieger im Vereinsturnier, danach zum Bezirksturnier delegiert; dort steigen die ersten sechs in das Meisterturnier B des Landesverbandes auf. Die ersten vier bis sechs des B-Turniers dürfen im folgenden Jahr in der Meisterklasse mitspielen. Der Sieger des Meisterturniers führt den Titel »Meister von ... 19 ...«. Die ersten zwei werden zur Nationalen Deutschen Meisterschaft, die alle zwei Jahre ausgetragen wird, zugelassen (siehe auch Seite 125) »Großmeister und Meister«).

Umwandlung

Erreicht ein Bauer die letzte Reihe, darf ein Spieler – und er muß es – diesen Bauern in eine Dame, einen Turm, einen Läufer oder einen Springer derselben Farbe umwandeln. Nicht erlaubt ist die Umwandlung in einen zweiten König. In Artikel 6 der Spielregeln des Weltschachbundes heißt es noch: »... nach Wahl des Spielers und ohne Rücksicht auf die anderen noch auf dem Brett befindlichen Steine. Dieses Verwandeln heißt ›Umwandlung‹. Die Wirkung des umgewandelten Steines tritt sofort in Kraft« (siehe »Spielregeln des Weltschachbundes«, Seite 133).

Ungleichfarbige Läufer

Hat eine Seite einen Läufer auf einem dunklen Feld und die andere einen auf einem hellen Feld (oder umgekehrt), so spricht man in dieser Stellung von ungleichfarbigen Läufern. Diese spielen dann eine besondere Rolle, wenn es sich um ein Endspiel mit Bauern auf beiden Seiten handelt oder eine Seite Mehrbauern besitzt, die aber wegen der ungleichfarbigen Läufer nicht vorwärtskommen können:

Kd2 Lh4; Kf1 Le4 Bd3 e2

Egal, wer am Zug ist: Schwarz kann trotz zweier verbundener Mehrbauern nicht gewinnen. Ein schwarzer Läufer auf dunklen Feldern würde die Sache schlagartig verändern.

Unsterbliche Partie

Mit diesem Prädikat wurde Anderssens berühmte Partie von begeisterten Zeitgenossen ausgezeichnet, die der Deutsche 1851 gegen Kieseritzky gewonnen hatte.

A. Anderssen – L. Kieseritzky
Freie Partie, London 1851

1.e2—e4	e7—e5
2.f2—f4	e5xf4
3.Lf1—c4	Dd8—h4+
4.Ke1—f1	b7—b5
5.Lc4xb5	Sg8—f6
6.Sg1—f3	Dh4—h6
7.d2—d3	Sf6—h5
8.Sf3—h4	Dh6—g5
9.Sh4—f5	c7—c6
10.g2—g4	Sh5—f6
11.Th1—g1!	c6xb5
12.h2—h4	Dh5—g6
13.h4—h5	Dg6—g5
14.Dd1—f3	Sf6—g8
15.Lc1xf4	Dg5—f6
16.Sb1—c3	Lf8—c5
17.Sc3—d5	Df6xb2
18.Lf4—d6!	

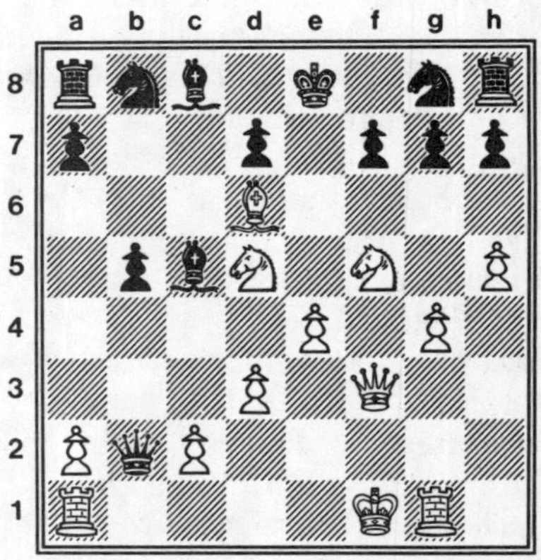

Stellung nach 18.Ld6!

18.... Lc5xg1?

Mit 18....Da1:+ 19.Ke2 Db2!

hätte sich Schwarz wahrscheinlich retten können, wie man später feststellte.

19.e4—e5! Db2xa1+
20.Kf1—e2 Sb8—a6

Deckt wohl das auf c7 drohende Matt (nach Sg7:+ Kd8), übersieht aber die versteckte andere Drohung von Anderssen.

21.Sf5xg7+ Ke8—d8
22.Df3—f6+!

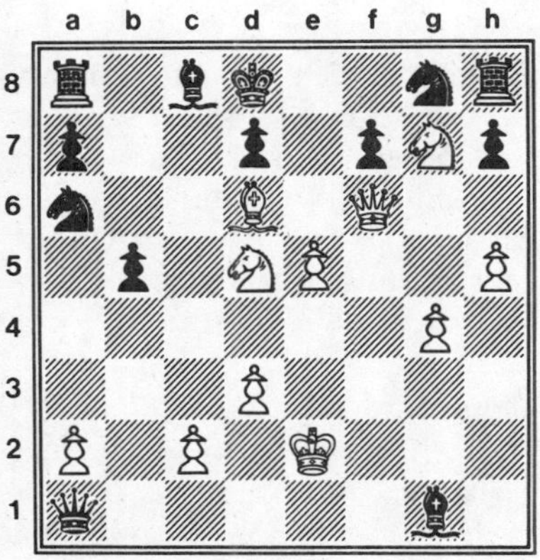

Stellung nach 22.Df6+!

Schwarz hat beide weißen Türme geschlagen und bekommt noch die Dame zum Opfer.

22.... Sg8xf6
23.Ld6—e7+!

Noch heute wird diese Partie die »Unsterbliche Partie« genannt, trotz ihrer zahlreichen Fehler. »Ihre unsterbliche Schönheit liegt in den unsterblichen Gedanken von Anderssens Geist«, urteilte Richard Reti. (Ein ausführlicher Kommentar steht in Band I »Unvergessene Schachpartien«, Schach bei Franckh.)

Unsterbliches Problem

Weniger bekannt dürfte das »Unsterbliche Problem« sein, während von der »Unsterblichen Partie« bald jeder Schachspieler schon einmal gehört hat. Das unsterbliche Problem stammt von dem Problemmeister *Dr. Konrad Bayer (1828 – 1907):*

The Era, London 1856

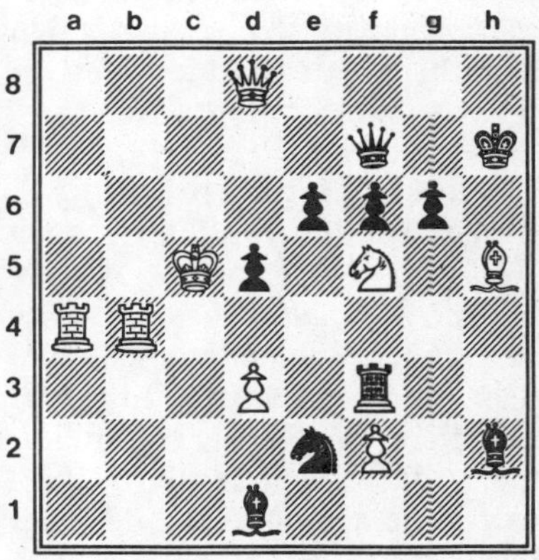

Matt in neun Zügen!

Lösung: 1.Tb4—b7 Df7xb7 2.Lh5xg6+ Kh7xg6 3.Dd8—g8+ Kg6xf5!

Bei der Lösung eines Schachproblems muß der Löser stets die für Schwarz besten Verteidigungszü-

ge auswählen, was manchmal erst nach einigen Versuchen gelingt. Der Löser führt ja den Zweikampf im Problem allein: Weiß will das Matt erzwingen, Schwarz wehrt sich mit Kräften dagegen.
4.Dg8—g4+ Kf5—e5 5.Dg4—h5+ Tf3—f5! 6.f2—f4+ Lh2xf4! 7.Dh5xe2+ Ld1xe2 8.Ta4—e4+. Auch die letzte weiße Figur wird noch geopfert.
8....d5xe4 9.d3—d4‡! Der letzte Bauer hat das Matt erzwungen.
Freilich gibt es schönere Aufgaben, die mit stilleren Mitteln und nicht ganz soviel Zügen eine künstlerisch befriedigendere Wirkung hervorrufen. Aber den Schachamateur fasziniert die Opferserie – weshalb auch nicht?

Unregelmäßige Eröffnung

Früher wurden Eröffnungen wie 1.e2—e4 g7—g6 oder 1.d2—d4 b7—b6 usw. als »unregelmäßig« bezeichnet. Wie nennt man heute diese und ähnliche Eröffnungen? Da gibt es die Robatsch-Verteidigung, die Pirc- oder Pirc-Ufimzew-Verteidigung (1.e4 d6 oder auch 1.e4 g6), Königsindisch, Damenindisch, Doppelindisch (g3 und b3 oder g6 und b6), Benoni, Aljechin-Verteidigung (1.e4 Sf6).

Unterverwandlung

Wird ein Bauer in eine schwächere Figur als in eine Dame umgewandelt, nennt man das »Unterverwandlung«. Und eine Umwandlung in eine Dame wäre doch das Normale. Nicht in allen Fällen:

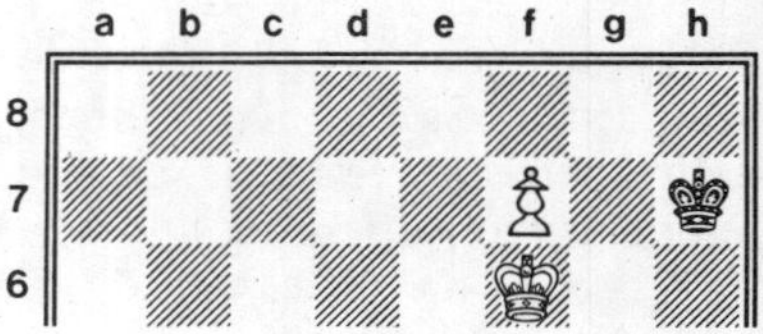

Matt in zwei Zügen

Es handelt sich um ein Schema. Der starke Zug f7—f8D? wäre zu stark, weil Schwarz patt wäre. Also muß es Weiß auf die sanfte Art mit der bescheidenen Unterverwandlung versuchen: 1.f7—f8T! Kh7—h6 2.Tf8—h8‡.

Schwarz am Zug

Nicht besonders imponieren könnte Schwarz mit dem trivialen Tausch 1....b2xc1D+ 2.Kb1xc1, denn D+L kann hier nicht gegen die Dame gewinnen. Mit dem Trick der Unterverwandlung, hier gut versteckt, erzielt Schwarz den Gewinn:

1....Da4xa2+! 2.Kb1xa2 b2xc1S+!! Nicht in eine Dame, sondern in einen Springer »unterverwandelt« Schwarz seinen Bauern. Der Erfolg ist ungeahnt, denn der Springer gewinnt mit dem Familienschach sofort die Dame zurück, und L+S erzwingen anschließend das Matt. (Siehe auch Seite 20, »Wie viele Damen ...« und »Problemlexikon«, Seite 109, Aufgabe Nr. 3.)

Variante

Abzweigungen, die in der Eröffnung fast immer möglich sind, Abzweigungen von ungefähr festgelegten Eröffnungszügen – sind Varianten. Aber auch eine Kombination kann in mehrere Varianten verzweigt sein; je nachdem, wie die Gegenseite antwortet, werden unterschiedliche Varianten ausgelöst. Wenn im Schachproblem nach dem Schlüsselzug die Verteidigung über mehrere Gegenzüge verfügt, die der Drohung entgegentreten, sprechen wir von Varianten. Je mehr Varianten eine Aufgabe enthält, desto wertvoller kann sie sein.

Bei einer Schachpartie kann es vorkommen, daß jemand eine neue Variante in der Eröffnung findet oder aber eine alte Variante plötzlich widerlegt oder ein Spieler sieht, daß er in eine ungünstige Variante einer bestimmten Eröffnung geraten ist.

Vorgabe

Vorgabepartien kommen hin und wieder vor, wenn ein starker Spieler auf einen schwachen trifft und um einen Einsatz gespielt wird. Früher gaben selbst Meister unter sich Bauer und Zug oder Bauer und zwei Züge vor, wenn der Gegner etwas schwächer eingestuft wurde. Schwache Spieler erhalten Springer- oder Turmvorgabe, selbst Damenvorgabe kann angebracht sein und zu humorvollen Partien führen. Von den großen Meistern des 19. Jahrhunderts sind zahlreiche Vorgabepartien erhalten geblieben, vor allem von Morphy, der allen seinen Zeitgenossen schachlich um 50 Jahre voraus war.

Bei Blitzpartien sind ebenfalls Zeitvorgaben üblich: der Meister beschränkt sich auf 1 Minute gegenüber 5 Minuten des Gegners! Natürlich handelt es sich bei allen Vorgaben nur um private Abmachungen, die auf Turnieren nicht in Frage kommen. Allerdings gab es 1911 in München einen Wettkampf zwischen den Meistern Spielmann und Alapin, bei dem Spielmann seinem Gegner das Analysieren während der Partie vorgab. Alapin durfte während der Partie auf einem Nebenbrett Eventualzüge, also Varianten, ausprobieren – Spielmann nicht. Trotzdem gewann Spielmann mit +6 – 3 = 1.

Weizenkorn-Legende

Aus alten arabischen Quellen stammt die Legende vom Weizenkorn. Danach hat der brahmanische Weise Sissa das Schachspiel für einen indischen König erfunden. Es sollte nicht zu dessen Zerstreuung, sondern auch zur Belehrung dienen: In seinem Reich soll der König mit seinem Volk (Bauern und Figuren) eine Einheit bilden. Der König nahm das Spiel entgegen und bot dem Weisen an, daß er selbst seine Belohnung wählen möchte. Der Wunsch des Brahmanen schien bescheiden zu sein: Auf das 1. Feld des Schachbretts ein Weizenkorn, auf das 2. zwei, das 3. vier, das 4. acht usw. – also auf jedes Feld immer die doppelte Anzahl Körner des vorherigen Feldes. Der König war fast ungehalten über den ihm zu bescheiden erscheinenden Lohn, ließ aber den Weisen gewähren. Als die Beamten und Ratgeber des Hofes nach vielen Stunden die Summe der Weizenkörner auf allen 64 Feldern errechnet hatten, mußten sie entsetzt feststellen, daß soviel Weizen nicht aufzutreiben war. Die Summe der Weizenkörner lautete:
18 446 744 073 709 551 615
Die Zahl beginnt mit achtzehn Trillionen!
Die Weizenernte der gesamten Erde würde nicht ausreichen, um die 64 Felder des Schachbretts nach der Formel 2 hoch 64 minus 1 mit Weizen zu bedecken. Außerdem könnte man die Oberfläche der Erdkugel 9 mm hoch mit Weizenkörnern bestreuen.
Ein Computer der Universität Stuttgart errechnete die Zahl in 0,36 Sekunden. Die ersten und letzten fünf Reihen lauten:

2 hoch 1 = 2
2 hoch 2 = 4
2 hoch 3 = 8
2 hoch 4 = 16
2 hoch 5 = 32

2 hoch 61 = 2 305 843 009 213 693 952
2 hoch 62 = 4 611 686 018 427 387 904
2 hoch 63 = 9 223 372 036 854 775 808
2 hoch 64 = 18 446 744 073 709 551 616
2 hoch 64 – 1 = 18 446 744 073 709 551 615

Ausgesprochen heißt die Zahl:
18 Trillionen, 446 Billiarden, 744 Billionen, 73 Milliarden, 709 Millionen, 551 Tausend, 615.

Weltmeister (Weltmeisterschaft)

Die Schachweltmeisterschaft wird alle drei Jahre ausgetragen, und zwar in einem Wettkampf zwischen dem Weltmeister und dem Herausforderer. Dieser wird in mehreren anstrengenden Qualifikationsturnieren und Wettkämpfen ermittelt (siehe auch »Turnier«, Seite 96). Die Kurzgeschichte der Weltmeisterschaften findet der Leser im Kapitel »Geschichte der Schachweltmeisterschaften« auf Seite 119.

Wunderkinder im Schach

Als ausgesprochene Schachwunderkinder gelten in der Geschichte des Schachspiels, die wir erst um die Mitte des 19. Jahrhunderts als Beginn der modernen Epoche ansetzen können, nur wenige Spieler. Erstes Wunderkind war Paul Morphy, der im Alter von 12 Jahren (1849) schon der stärkste Spieler von New Orleans war. Morphy zog sich bereits im Alter von 22 Jahren unwiderruflich vom Schach zurück und spielte nur noch selten mit seinem Freund Ch. A. Maurian privat in seinem Haus. Umsorgt von Mutter und Schwester verfiel Morphy in Schwermut (Paranoia) und starb 1884 im Alter von 46 Jahren.

Der Kubaner J. R. Capablanca lernte das Spiel schon im Alter von vier Jahren. Mit zwölf Jahren war er Meister von Kuba, und sechs Jahre später bezwang Capablanca, ohne bis dahin ein Schachbuch studiert zu haben, den US-Champion F. Marshall im Jahre 1909 in New York mit +8 –1 = 14! Auch Capablanca erfüllte die Erwartungen: er wurde Weltmeister (1921 bis 1927), darüber hinaus aber ein ewig strahlender Stern am Firmament des Schachspiels. Erst 54 Jahre alt starb Capablanca 1942 in New York, als er im Manhattan-Chessclub bei einer Partie kiebitzte.

Als echtes Schachwunderkind galt S. Reshevsky, 1911 in Polen geboren. Bereits im Alter von sechs Jahren gab er Simultanvorstellungen. Von 1920 bis 1921 erregte das neunjährige Kind mit den Schachvorstellungen in vielen europäischen Hauptstädten, unter anderem in Berlin, Hamburg und Hannover, großes Aufsehen. (Mehr darüber in dem Buch »Die großen Schachmeister der Zwanziger Jahre«, Schach bei Franckh.) Reshevsky stand drei Jahrzehnte im Wettbewerb um die Weltmeisterschaft. Bei der US-Meisterschaft 1975 wurde »Sammy« noch guter Dritter – im Alter von 64 Jahren!

Fast noch in frischer Erinnerung der Zeitgenossen sitzt das Spektakulum um Amerikas Schach-As und einstigen Schachwunderknaben Robert Fischer. Von 1970 bis 1972 erregte der einmalige Siegeslauf des Amerikaners zur Weltmeisterschaft und wie er dabei seine Gegner niederkämpfte – sowohl am Schachbrett als auch als Psychologe – überall ungeheures Aufsehen. »Bobby« lernte mit sechs Jahren das Schachspiel von seiner Schwester. Mit 13 Jahren wurde er Jugendmeister der USA, ein Jahr später Champion der Senioren! Beim Interzonenturnier in

Portoroc (YU) 1958 wurde er unter 21 Meistern und Großmeistern Fünfter. Als Teilnehmer des Kandidatenturniers zur WM verlieh ihm die FIDE den Großmeistertitel – mit 15 Jahren der jüngste Großmeister der Schachgeschichte! Beim Interzonenturnier in Stockholm 1961 gelang der große Durchbruch. Der 19jährige Fischer siegte mit 2½ Punkten Vorsprung vor der sowjetischen Schachelite, vor Geller, Petrosjan und Kortschnoj. Die Russen waren schockiert. In den WM-Ausscheidungskämpfen von 1970 bis 1971 wurden alle Rivalen, besonders seine Erbfeinde aus der UdSSR, mit vernichtenden Niederlagen aus dem Rennen geworfen. 1970 konnten die deutschen Schachfreunde Robert Fischer als Schacholympiateilnehmer beobachten. In Reykjavik erreichte Fischer im Alter von 29 Jahren sein Ziel: Die Russen vom Weltmeisterthron zu stoßen und selbst Weltmeister zu werden. Das genügte ihm – denn bis heute hat Fischer keine Partie mehr in einem Turnier gespielt... (Mehr über Fischer in dem Band »Schachgenie Fischer«, Schach bei Franckh).

Wenn noch der Spanier Arturo Pomar aufgezählt wird, ist es mit den Schachwunderknaben zu Ende. Bei den Frauen sind zwei Namen zu erwähnen. Die 1960 geborene Jutta Hempel aus Flensburg zählte bereits mit sechs Jahren zu den Schachwunderkindern. Viele Berichte gingen durch Presse, Funk und Fernsehen, die Jutta Hempel als passable Simultanspielerin bestätigten. 1976 wurde sie Siegerin in der Damenmeisterschaft von Schleswig-Holstein. In der Sowjetunion wurde die 14jährige Maja Tschiburdanidse von der FIDE mit dem Titel einer Internationalen Meisterin ausgezeichnet. 1975, im Alter von 16 Jahren, nahm Maja am Kandidatenturnier der Frauen zur Schachweltmeisterschaft teil, wo sie knapp den Sieg verpaßte.

Zonenturnier

Für Weltmeisterschaftsausscheidungen hat die FIDE die Länder in elf Zonen unterteilt. Als erste Vorstufe zur Schachweltmeisterschaft gelten die Zonenturniere. Europa ist in zwei Zonen – Ost und West – eingeteilt. In diesen zwei Zonenturnieren spielen Meister aus allen europäischen Ländern in gemischter Einteilung. Die zwei ersten Sieger (in einigen großen Zonen drei) nehmen an einem der beiden Interzonenturniere, die im darauffolgenden Jahr stattfinden, teil (siehe auch »Turnier, Meisterschaft«, Seite 96). Fast der gleiche Modus gilt für die Weltmeisterschaft der Damen. Außerdem werden noch

die Jugendweltmeisterschaft und die Studenten-Mannschaftsweltmeisterschaft (überflüssig, aber von den Russen durchgesetzt, weil es für sie einen Weltmeistertitel mehr bedeutet) abgehalten. Die Weltmeisterschaften für Mannschaften oder Schacholympiaden finden alle zwei Jahre statt. Seit 1948 gewann die Sowjetunion sämtliche Weltmeisterschaften, mit Ausnahme von 1972, als der Amerikaner Robert Fischer den Russen Boris Spassky besiegte. Allerdings gab Fischer 1975 den Weltmeistertitel freiwillig ab.
Mit dem Argentinier O. Panno, dem Jugoslawen Ivkov und dem Engländer A. Miles (1974) gab es weitere Ausnahmen bei den Jugendweltmeistern.

Zugzwang

Der Zugzwang ist ein wichtiger Begriff im Endspiel. Dadurch, daß eine Seite gezwungen ist, der Zugpflicht zu genügen, kann ein entscheidender Nachteil für ihn eintreten.
Dieser Schachausdruck wurde ins Russische und Englische wörtlich übernommen.
Der Zugzwang tritt in der Partie, und ganz besonders im Schachproblem, so häufig auf, daß die Fälle der möglichen Beispiele Legion sind.

G. Polerio, 1585

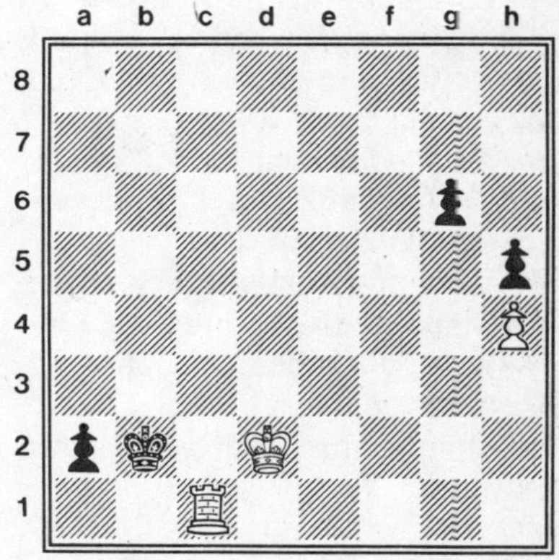

Weiß gewinnt!

Auf witzige Weise wird Zauberer »Zugzwang« zur Wirkung gebracht. Daß der Versuch 1.Tc8 a1D 2.Tb8+ Ka2 3.Ta8+ Kb2 4.Ta1: Ka1: 5.Ke3 nur zu Unentschieden führt (der sK sperrt den weißen am Rande auf h6—h8 ein!), mag der Leser selbst ausprobieren. Es kommt ganz anders:
1.Tc1—a1! Kb2xa1 2.Kd2—c2!
Schwarz, mit dem König in der Ecke eingesperrt, muß dem verderblichen Zugzwang Folge leisten und dem weißen Bauern die Bahn zur Umwandlung frei machen:
2....g6—g5 3.h4xg5 h5—h4 4.g5—g6 h4—h3 5.g6—g7 h3—h2 6.g7—g8D h2—h1D 7.Dg8—g7+!

Die Automatik des Zugzwangs tritt am häufigsten in den Bauernendspielen auf. Täglich kommt diese oder eine ähnliche Stellung vor:

Kb1; Kb3 Bc3 Weiß am Zug. Ja, wenn Weiß auf seinen Zug verzichten könnte! Schwarz müßte c3—c2+ mit Remis ziehen. Aber Weiß im Zugzwang muß die Opposition aufgeben: 1.Kb1—a1 Kb3—c2, oder 1.Kb1—c1 c3—c2. Jedesmal mit Gewinn für Schwarz.

Zwischenzug

Unerwartete Zwischenzüge würzen oft eine Schachpartie. Dabei braucht man nicht gerade den »schönsten Dazwischenzug« im Auge zu haben:

Rusakow – Werlinski (Rußland 1913)

1.e2—e4	e7—e5
2.c2—c3	Sb8—c6
3.d2—d4	Sg8—f6
4.Lc1—g5	h7—h6
5.Lg5—h4?	g7—g5
6.Lh4—g3	e5xd4
7.e4—e5	d4xc3
8.e5xf6?	c3xb2
9.Dd1—e2+	

um im nächsten Zug Db2: spielen zu können. Aber es kommt ganz anders!

9....	Dd8—e7!!!

Absurd-schöner »Zwischenzug«

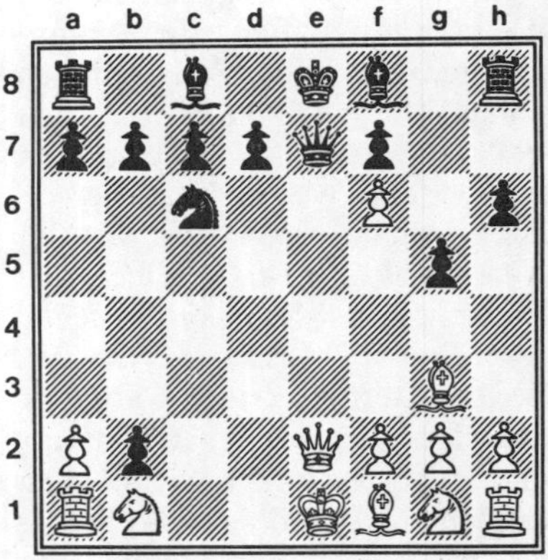

Stellung nach 9....De7

Nicht mit den billigeren Leichtfiguren Le7 oder Se7 zieht Schwarz dazwischen und vor den Bauern f6, sondern mit der kostbaren Dame. Sie wird dem weißen Bauern ›zum Fraß‹ vorgesetzt: Nach 10.f6xe7 Lf8—g7! kann Weiß, im Augenblick mit Dame für Springer, den Verlust des Turmes auf a1 unter Umwandlung einer neuen schwarzen Dame nicht verhindern.

Problemlexikon

Dem Schachproblem vorausgegangen sind bis zum 18. Jahrhundert die Mansuben – Spielendungen mit eingleisigem Lösungsablauf, zwar künstlich erfunden, aber dennoch an das Partieschach angelehnt. Der Araber Philipp Stamma gab 1737 und 1745 in Paris ein Buch mit Endspielstellungen heraus, die als Vorläufer der Schachaufgabe angesehen werden können. Mit dem ersten »Indischen Problem« im Jahre 1845, mit Aufgaben von A. Anderssen (das »Anderssen-Matt«), S. Loyd (1841 – 1911), den Deutschen Kohtz Kockelkorn, Ph. Klett, J. Berger, A. Gehlert sind einige Pioniere der Problemkunst genannt. Das Kunstschach oder Problemschach erlangte Ende des 19. Jahrhunderts seinen Höhepunkt. Immer neue Ideen wurden entdeckt und dem Löser dargeboten – denn eine Schachaufgabe soll den Löser unterhalten, ihm »Probleme« stellen und Rätsel aufgeben.

Nicht jeder Schachfreund hat die Möglichkeit oder das Interesse für das Partieschach mit seinem Kampfcharakter. Das Problemschach aber findet auch dort Interesse, ja leidenschaftliche Anteilnahme, wo kein Partieschach gepflegt wird. Es dient der konzentrierten Selbstbeschäftigung, die viele Stunden der Entspannung – trotz höchster geistiger Konzentration und Versunkenheit! – bringen kann. Man denke nur an Kranke, die zum Partieschach keine Gelegenheit finden, an Menschen, deren Beruf wenig Möglichkeit zum Besuch eines Schachklubs bietet. Sie alle finden im Problemschach als Löser oder auch als Komponist von Schachaufgaben Anregung und Betätigung.

Weit auseinander gehen die Meinungen im Schachpublikum über Einzelheiten oder Regeln im Schachproblem. Die häufigsten Zweifel und Fragen sind im folgenden aus Leserzuschriften ausgewählt, die mich im Laufe von Jahrzehnten erreichten:

Frage: 1. Darf Weiß im ersten Zug Schach bieten? Darf Weiß im ersten Zug schlagen? Oder gibt es Ausnahmen bei Problemen?

Antwort: Es gibt keine Extraregeln für Schachprobleme. Maßgebend sind die Regeln des Partieschachs. Somit sind bei der Lösung von Schachaufgaben im 1. Zuge das Schlagen oder Schachbieten erlaubt. Es existiert kein Verbot. Ob solche Schlüsselzüge dem Schönheitssinn standhalten, entscheidet der Löser, also die Kritik.

Das Schlagen einer Figur im 1. Zug kommt selten vor. Der Problemkönig Samuel Loyd, aber auch andere Komponisten, erlaubten sich diese Ausnahme: das Schlagen eines Bauern im Schlüsselzug kann gut begründet sein. Ebenso gibt es Aufgaben, die mit einem Schachschlüssel beginnen und dennoch nicht das künstlerische Empfinden stören. Regeln oder Verbote für Schachprobleme haben einzig ihren Ursprung in

I. G. H. Cheney (Amerika, 1837 – 1861)

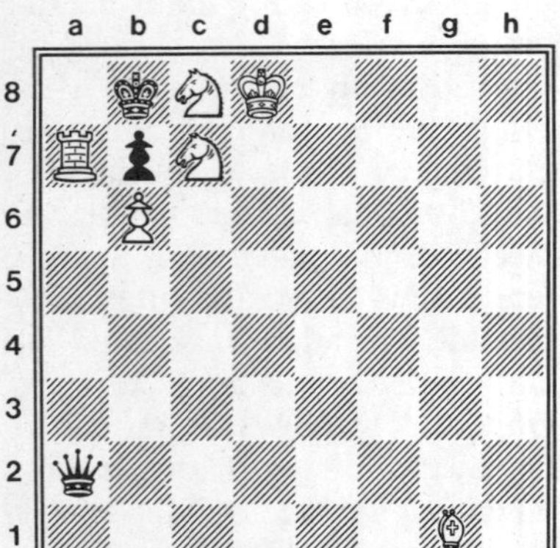

Matt in drei Zügen

der Unduldsamkeit vergangener Richtungen. Von derartigen hemmenden Fesseln hat man sich längst befreit.

Schwarz droht selbst mit dem ›Holzhammer‹ zu kommen – also ist Weiß zu entsprechenden Vorkehrungen gezwungen (Lösungen Seite 115).

Frage: In einem Schachlehrbuch (»8×8=64« von H. Geißler, München, 1958) steht auf Seite 47: »Heute gilt für den Löser die unverbrüchliche und einzige Regel, daß Weiß immer anzieht, aber mit dem 1. Zuge nicht Schach bieten darf; alle Aufgaben sind so konstruiert, daß ein Schachgebot im 1. Zuge zu nichts führt, man braucht es also gar nicht damit zu versuchen. Aber diese Regel hat sich erst im 19. Jahrhundert herausgebildet.«

Antwort: Papier ist geduldig. Tatsache ist, daß im Problemschach die gleichen Regeln wie für das Partieschach gelten. So kann im 1. Zug Schach geboten werden, ein Stein darf geschlagen werden, die Rochade ist erlaubt (wenn keine retro-analytischen Gegenbeweise vorliegen), es darf sogar en passant im Schlüsselzug geschlagen werden (wenn die Retro-Analyse die Voraussetzung dafür liefert). In der Regel gehören aber derartige Einleitungszüge zu den Ausnahmen. Ein Schlagschlüssel oder Schachschlüssel wird die ästhetischen Forderungen, die wir an ein Problem stellen, dann nicht verletzen, wenn die Fortsetzung mit einer Pointe verbunden ist. Das wird in der Regel dann ein stiller 2. Zug sein (bei einem Dreizüger). Jegliche Forderung nach kleingeistiger Reglementierung wäre dem Kunstsinn im Problem abträglich. Entscheidend für die Bewertung einer Aufgabe ist ihr Inhalt im ganzen gesehen.

Daß Weiß im Problem stets den 1. Zug macht, ist nur bedingt richtig. Wenn die Retro-Analyse ergibt, daß *Schwarz zuletzt nicht gezogen* haben kann, so *muß jetzt Schwarz* und *nicht Weiß* am Zug sein.

II. A. Naef (»Tat« 1955)
Ein Rochadeproblem

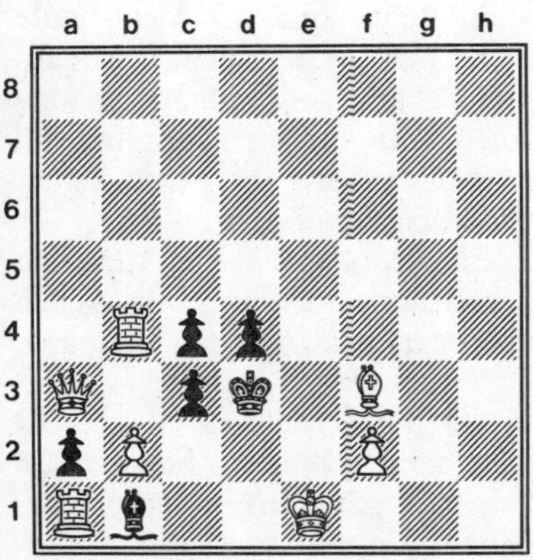

Matt in zwei Zügen

Wenn aus der Stellung nicht nachzuweisen ist, daß K+T, mit denen rochiert werden soll, schon gezogen haben, dann ist die Rochade erlaubt.

Im Zweifelsfall also für den ›Angeklagten‹. Jede Schachaufgabe muß in Stellung und Lösung sich an die normalen Schachregeln halten. Schachstellungen wie etwa weißer La1 und davor weißer Bb2 sind unmöglich – wie soll denn der La1 hinter seinen Bauern gelangt sein? Das ist selbst durch nachträgliche Umwandlung ausgeschlossen. Im Fall der Rochade kann nicht argumentiert werden: Vielleicht hat aber T oder K schon vorher gezogen? Denn nur handfeste Beweise gelten, daß König und Turm tatsächlich schon gezogen haben müssen. Solche Probleme, bei denen der Löser diesen Nachweis führen kann, gibt es ebenfalls.

III. G. H. Cheney (1837 – 1861)

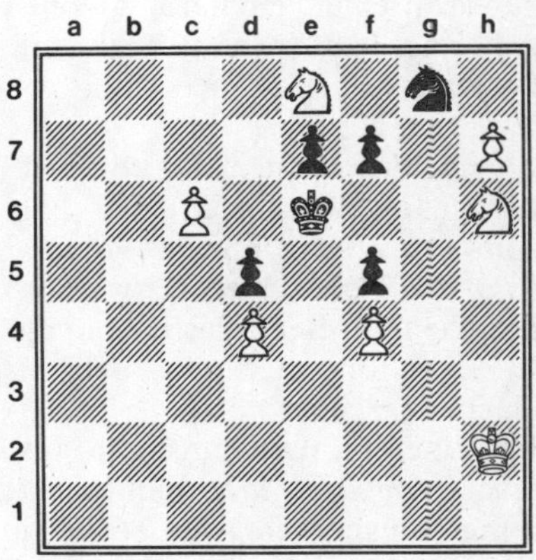

Matt in drei Zügen

Der doppelte Hinterhalt
IV. T. R. Dawson
(1. Preis Falkirk Herald 1934)

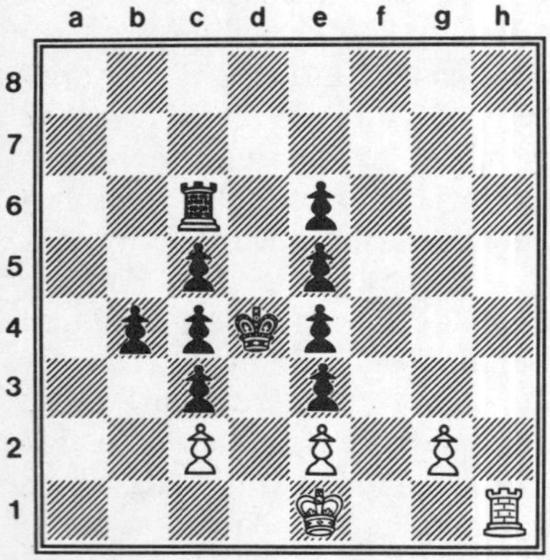

a) Weiß setzt in 2 Zügen matt
b) Schwarz setzt in 2 Zügen matt

Es handelt sich also um zwei Aufgaben in einer: einmal mit Weiß am Zug, das andere Mal mit Schwarz am Zug, jedesmal im 2. Zuge matt.

Frage: Was ist beim Lösen einer Schachaufgabe zu beachten?

Antwort: Zuerst müssen wir uns über den Unterschied klarwerden zwischen a) einer Partiestellung, b) einer Endspielstudie und c) einem Schachproblem.

Bei einer Partiestellung, die aus einer *gespielten Partie* stammt, ist immer angegeben, wer am Zug ist. Das kann einmal Weiß, ein anderes Mal Schwarz sein; es ist vielleicht nicht einmal angegeben, ob Weiß oder Schwarz gewinnt, oder ob eine Seite Remis oder den Sieg erzwingen kann. Der Löser oder Nachspielende muß herausfinden, was in der Stellung ›herauskommt‹.

In der Studie zieht in der Regel Weiß an, doch sind auch Ausnahmen möglich, die aber dann angegeben sind. Es braucht nicht der Gewinn oder das Remis, das es als Forderung vom Löser zu finden gilt, bis zum Schluß ausgespielt zu werden; der *Nachweis* für den Gewinn oder das Remis genügt (siehe »Endspielstudien«, Seite 52).

Im Schachproblem dagegen steht immer unter dem Diagramm: Matt in zwei (drei, vier usw.) Zügen. Dem Löser wird also das eng begrenzte Ergebnis klar gestellt. Daß Weiß anzieht, wird heute nicht mehr dazugesetzt. Die eventuelle außerordentlich seltene Ausnahme, daß Schwarz anzieht, muß der Löser selbst entdecken.

Zusammenfassung:

1. Ein Problem ist eine künstlich konstruierte Stellung, die sich aber genau an die Schachregeln halten muß.

2. Die Forderung »Matt in 2 (3 oder mehr) Zügen« besagt, daß Schwarz spätestens in der angegebenen Zugzahl mattgesetzt werden kann. Der Löser muß diese Lösung suchen.

3. Es darf nur *einen* ersten Zug von Weiß geben, der zur Lösung führt. Gibt es noch eine andere Möglichkeit, so ist die Aufgabe nebenlösig und wertlos. (Sie muß

vom Autor verbessert werden, so daß sie korrekt wird.)

4. Gibt es nach dem 1. Zug, den man auch Schlüsselzug oder Einleitungszug nennt, für die Verteidigung verschiedene Möglichkeiten, so spricht man von Varianten. Gibt es mehrere Antworten von Schwarz auf den ersten Zug, dann ist es eine variantenreiche Aufgabe. Steht andererseits dem Weißen auf eine schwarze Verteidigung mehr als nur ein Zug, eine Wendung, zur Verfügung, spricht man von einem Dual.

5. Das Diagramm ist stets so gestellt, daß Weiß vor dem Löser vorne bei 1 beginnt. Die Ausgangsstellung der schwarzen Steine befindet sich in der oberen Hälfte des Diagramms. Die weißen Bauern ziehen also *weg* vom Löser, die schwarzen *her* zum Löser. Es muß also immer genau die Zugrichtung der Bauern beachtet werden.

6. Als Schlüsselzug ist jeder mögliche Zug erlaubt, der den Schachregeln entspricht.

Zweimal Einzüger
V. B. Larsson (Tidskrift 1940)

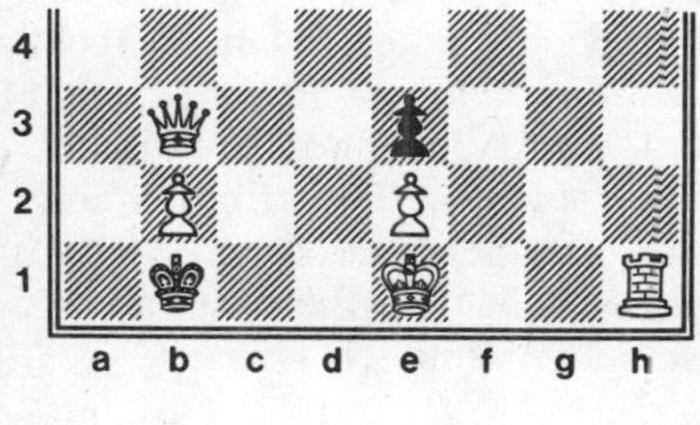

Matt in einem Zug
a) wie Diagramm
b) Be2 nach c2

Weiß am Zug kann also jedesmal in einem Zug mattsetzen. Vorsicht Falle!

Ist das erlaubt?

Die schwarzen Läufer
Vl. W. Eiche (Essener Volkswacht 1928)

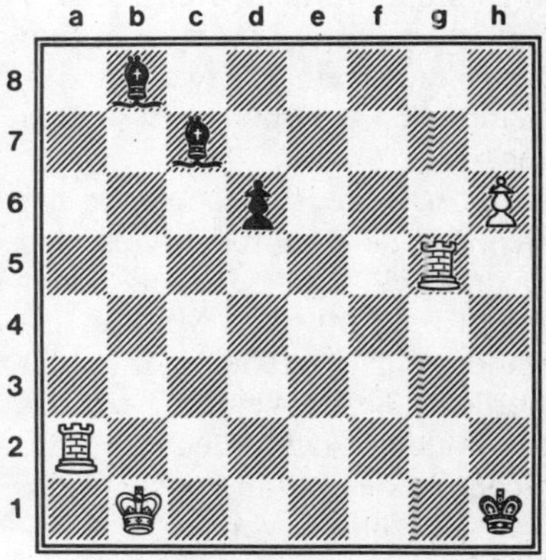

Matt in drei Zügen

Der bekannte Stuttgarter Problemkomponist Walter Eiche († 1949) hat hier nicht nur zwei gleichfarbige schwarze Läufer verwendet, sondern auch eine Lösungsüberraschung eingebaut. Nicht wahr, die zwei schwarzen Läufer akzeptieren Sie doch? Denn beim zweiten handelt es sich um eine Umwandlungsfigur: ein schwarzer Bauer hat sich, auf einem dunklen Feld einziehend, in einen Läufer »unterverwandelt«. Die Stellung eines Schachproblems muß aus einer gedachten Partie hervorgehen. Wenn es aber anders auch geht, sollten Umwandlungsfiguren vermieden werden; sie sind nur als Notlösung erlaubt oder wenn die Problemidee die Umwandlungsfigur erfordert.

Frage: Dürfen in einem Schachproblem nicht benötigte Steine verwendet werden, eventuell zur Täuschung des Lösers oder um Schwarz zu einer – wertlosen – materiellen Übermacht zu verhelfen?

Antwort: Eine Schachaufgabe hat sich den ökonomischen Gesetzen anzupassen. Der Gedanke oder Inhalt muß mit dem Mindestaufwand von Material dargestellt werden. Die Verwendung von sogenannten ›Nachtwächtern‹, die weder an der Lösung noch an der Verhinderung von Nebenlösungen mitwirken, ist nicht akzeptabel. Eine solche Aufgabe kann niemals eine Auszeichnung in einem Wettbewerb erhalten, weil eben die Ökonomie nicht stimmt.

Frage: Wie löse ich ein Schachproblem?

Antwort: Diese oft gestellte Frage hat ein Löser einmal gleich selbst beantwortet: Darüber ist schon viel geschrieben worden. Aber gibt es wirklich ein Rezept oder eine allgemeine Gebrauchsanweisung, wie man eine Schachaufgabe rationell lösen kann? Nun, bei modernen Schachaufgaben wird der Löser zunächst schauen, ob er in der Stellung eine Schnittpunktkombination erblicken kann. Mit der Zeit bekommt der Problemfreund ein Gefühl dafür, ob es sich um eine Ideenaufgabe (Neudeutsche Richtung) oder ganz einfach um eine Mattbilderaufgabe (Böhmische Schule) handelt. Bei dem letzten Typus dienen häufig abseits aufgestellte weiße Bauern als ›Verräter‹: hier in diese Gegend muß der sK gelassen werden, der Bauer ist dazu da, dem König eine weitere Flucht zu verbauen oder am Mattbild mitzuwirken.

Schwieriger wird eine Vorhersage des Schlüsselzuges bei Aufgaben, in denen die Lösung durch den Zugzwangmechanismus ausgelöst wird. Und doch gibt es noch einen sehr wichtigen Hinweis, der bisher zu der angeschnittenen Frage nicht genügend gewürdigt worden ist: »Warum fährt man nicht gleich ins Leere oder ins Blaue mit einem Turm oder Läufer?« Hier wird also die Suche nach dem ausgefallenen Zug empfohlen, und zwar nach dem Zug, den ein Partiespieler auf keinen Fall zunächst wählen würde. Die Problemzüge sehen oft recht unwahrscheinlich aus, betrachtet mit den Augen des praktischen Partiespielers. Die Empfehlung des Schachfreundes bedeutet also: Sucht nach dem dümmsten, dem ungewöhnlichsten Zug!

Bahnung und Rückkehr

Im allgemeinen haben es Problemlöser nicht gern, durch verräterische Überschriften Hinweise zur Lösung zu bekommen. Die Lösung soll ja ein Wettbewerb mit sich selbst sein!

VII. G. A. Johansson
(1. Preis Schwedischer Schachbund 1929)

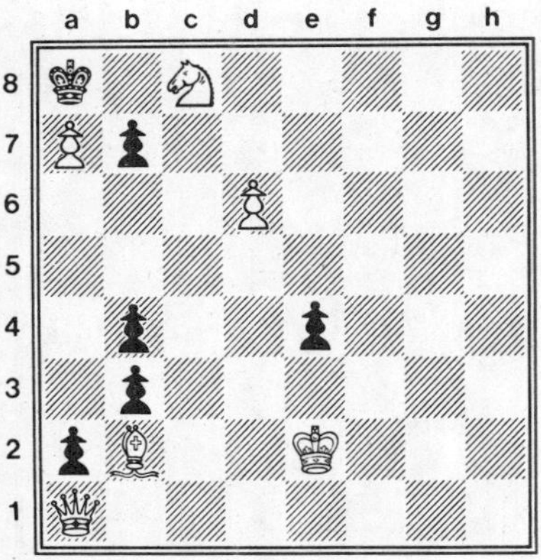

Matt in drei Zügen

Frage: Kann die Aufgabe eines Autors von einem anderen mit geringfügigen Änderungen als eigenes Produkt ausgegeben werden?

Antwort: Ein solches Verfahren nennt man Plagiat, es ist Diebstahl geistigen Eigentums. Daher gehört zur Publizierung einer Schachaufgabe unbedingt die *Quellenangabe.* Diese muß genau Auskunft geben: a) über den Namen des Autors, b) über den Erstabdruck: wann und wo erschienen. Nur so können Mißbräuche möglichst ausgeschaltet werden.

Es gibt in vielen Ländern Problemarchive, die von Liebhabern und Experten unterhalten werden. Dort sind – auch in Bibliotheken – Hunderttausende von Schachaufgaben katalogisiert.

In Deutschland gibt die Redaktion der Problemzeitschrift *»Die Schwalbe«, Lisenkamp 4, 4700 Hamm,* Auskunft über alle Fragen des Problemschachs und eventuelle Vorgänger.

(›Vorgänger‹ nennt man Aufgaben, die schon früher in Form und Inhalt von einem anderen, von einem Vorgänger, verfaßt worden sind. Auch eine unbewußte Nachbildung hat dann keine Existenzberechtigung mehr.)

Gewinn ja – aber wie schnell?

VIII.: (Quelle unbekannt)

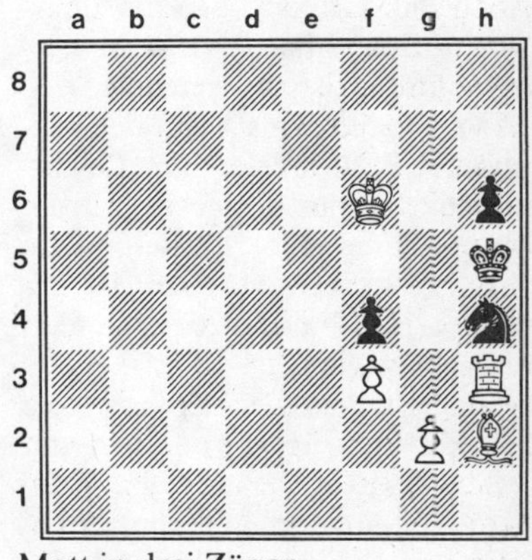

Matt in drei Zügen

Ein Schachspieler könnte zu dieser Stellung *fragen:* »Was soll der Sinn in dieser Stellung sein, Schwarz ist doch haushoch verloren? Ob ich in 2 oder 3 Zügen gewinne oder vielleicht erst nach einem Dutzend Zügen mattsetze, ist für mich als Partiespieler doch belanglos. Für mich kommt es auf den Sieg oder das Remis an, egal in wieviel Zügen.« Und die *Antwort* des Problemfreundes heißt: »Für mich ist eine Schachaufgabe ein ›Prüfstein des Gehirns‹ (um mit Goethe zu sprechen). Ich sehe in der Aufgabenstellung eine sportliche Komponente, die der Autor mir, dem Löser, stellt. Zwar stimmt es, daß Schwarz verloren ist, aber wie ist der *kürzeste Weg zum Matt?* Es scheint, als wäre die Forderung nach dem Matt (in 2, 3, 4 Zügen etc.) unwahrscheinlich. Und doch sagt der Problemkomponist, daß die unwahrscheinlich aussehende Forderung zu erfüllen ist. Mein Ehrgeiz, den Lösungsweg und die Idee der Lösung herauszufinden, ist angestachelt.
Es ist genau so, als wenn der prosaische Partiespieler im Leichtathletikstadion fragen würde: »Weshalb rennen die denn so?« Ihm ist es einerlei, ob der 100 m-Läufer in 10 oder 20 Sekunden das Ziel erreicht.
Ähnlich verhält es sich bei dem kleinen Dreizüger, von dem der Verfasser nicht bekannt ist – daher die Angabe »Quelle unbekannt«, um in jedem Fall der journalistischen Sorgfaltspflicht zu genügen.
Der Gewinn für Weiß mit dem Übergewicht eines Turmes ist keine Frage, ganz abgesehen von der tödlichen Randstellung des schwarzen Königs.

Der en passant-Schlüssel

IX. O. Weisert (Schwäbische Tagwacht 1921)

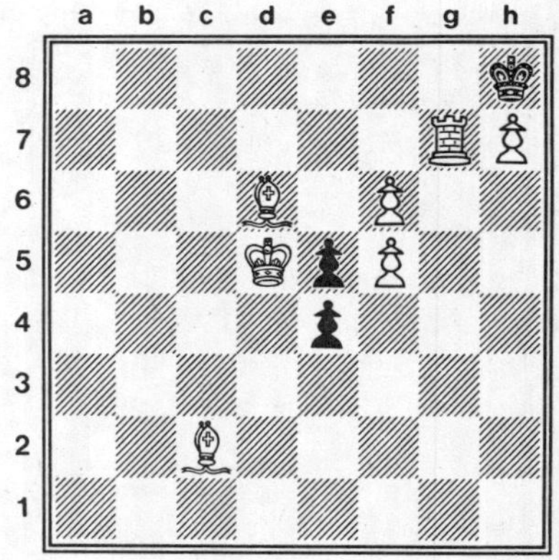

Matt in zwei Zügen

Der Problemlöser ist gut beraten, wenn er folgende Punkte beachtet, bevor er an die Lösung einer Schachaufgabe geht:
1. Steht die *Rochade* zur Debatte, bei Weiß oder bei Schwarz? Wenn ja, ist eventuell aus der Stellung zu schließen, daß sie nicht mehr ausgeführt werden darf? Die Rochade kann in jenen Fällen erfolgen, in denen aus der Stellung kein zwingender Nachweis möglich ist, daß K oder

T schon einmal gezogen haben.
2. Ist das Schlagen en passant möglich? Dazu muß erst nach dem letzten möglichen Zug von Schwarz geforscht werden. Stellt es sich heraus, daß Schwarz zuletzt nur c7—c5 gezogen haben kann, dann wären Schlüsselzüge wie etwa d5xc6 i.V. oder b5xc6 i.V. möglich (Retro-Analyse).
3. Wenn im direkten Mattproblem in der Regel Weiß am Zug ist, was war dann der letzte Zug von Schwarz? Ergibt sich aus der Stellung, daß Weiß den letzten Zug ausgeführt haben muß, dann wäre jetzt Schwarz am 1. Zug! (Die Möglichkeit, einer solchen Aufgabe zu begegnen, ist vielleicht 1 : 500000!) Aber trotzdem ist auch diese Retro-Analyse vor der Lösung ratsam.
4. Die Analyse der *Bauernstellung* kann Rätsel lösen und aufgeben. Stets müssen die einzelnen Schlagfälle partiemöglich sein, das heißt, es ist nachzuweisen – vom Autor oder Löser – wie die Bauernstellung entstanden ist. Es können nie mehr Schlagfälle erfolgt sein als gegnerische Steine fehlen! Selbst Probleme mit neun Bauern wurden schon ›serviert‹.

Lösungen der Schachaufgaben I. bis IX.

I.: 1.Ta8+! Da8: 2.Sa7! Die Dame wird eingesperrt, Schwarz ist im Zugzwang: 2...Da7: 3.ba7:+. Ein Problem ohne Varianten, also eingleisig.

II.: 1.Da2:! La2: 2.0—0—0+. Ein unerwarteter Mattzug. Manche Schachspieler werden sich fragen: »Ja, ist denn hier die Rochade erlaubt? Der schwarze La2 bestreicht doch das Feld b1 der Grundreihe!« (Die Antwort findet der Leser auf Seite 135, Artikel 6 der Spielregeln des Weltschachbundes sowie im Abschnitt über die Rochade, Seite 109.) Eine Variante, nicht eine zweite Lösung, entsteht nach 1....Kc2 2.Db1:+.
III.: h7xg8T! Unterverwandlung in einen Turm. Der vielleicht grobe Schlüsselzug wird von Weiß wieder gutgemacht nach 1....f6 durch 2.Tg4! fg4: 3.f5+ also Rückopfer des Turmes.
IV.: a) Weiß setzt matt mit 1.0—0!, und Schwarz kann die Drohung 2.Te1+ nicht mehr abwenden.
b) Schwarz am Zug setzt matt mit 1...Ta6! 2.Kd1 (oder Kf1) Ta1+. Wieso rochiert Weiß nicht einfach genau wie vorhin, als er am Zug war?
Wenn Schwarz am Zug ist, was hat dann *zuvor der Weiße gezogen?* Denn nach den Regeln des Schachs wird auch im direkten Mattproblem wie in der Partie abwechselnd gezogen; also muß Weiß einen Zug getan haben, aber was für einen? Und da ergibt die Rückschlußbetrachtung, die Retro-Analyse, daß eben nur König oder Turm zuletzt gezogen haben können! Wer nun wirklich gezogen hat, interessiert uns nicht.

Fest steht, daß König oder Turm gezogen haben müssen, daher gibt es für Weiß kein Rochaderecht mehr! Der Löser *mußte also herausfinden*, daß die Rochade zwar mit Weiß am Zug statthaft ist, aber nicht mit Schwarz am Zug!

V.: a) 0—0+! b) mit Be2 nach c2: Ke2+!

Wieso die Differenzierung, weshalb nicht beidesmal mit der Rochade mattsetzen? Nun, wie soll denn der schwarze König jemals nach b1 gelangt sein, wenn der weiße Bauer auf c2 steht, ohne daß zuvor der Ke1 vom Platz gerückt ist? . . .

VI.: 1.Th2+! Kh2: 2.h7 samt 3.h8T(D)+! Ein Stück von eigenartigem Reiz. Erst die exotisch anmutenden schwarzen Läufer, dann der schrille Einleitungszug mit Turmopfer, der den König auf das Feld h2 lenkt, so daß das Eingreifen der LL (nach d6—d5) zu spät kommt und dann die plötzliche Stille nach dem Sturm. Das bleibt für immer im Gedächtnis haften!

VII.: 1.Lh8! und jetzt a) 1....e3 2.Lb2! b5 3.Dh1+ b) 1....b5 2.Dg7 (beliebig) 3.Sb6+ c) 1....b2 2.Da2: b1D 3.Sb6+, bzw. 2....b5 3.Dd5+. Eine reichhaltige Aufgabe mit drei Varianten. Den Inhalt bilden die zwei Themen mit Bahnung und Rückkehr – »Zug ins Leere oder ins Blaue mit Turm oder Läufer . . .«. Den ›Pfeffer‹ erhält die Aufgabe durch die Verführung 1.Lc1? b2! 2.Da2: bc1:S+!! (er verwandelt einen Springer und gibt Schach!), lautete der Kommentar des Lösers E. Kreuz 1967 aus München.

VIII. 1.Lg3! fg3: 2.Th2! gh2: Bahn frei für den Bg2 zu 3.g4+! Weiß erzwingt den Sieg in drei, und nicht erst wie unser Partiespieler in ›X-Zügen‹.

IX.: 1.f5xe6 i.V.! e5—e4 2.Tg7—g8+. Das Problem besteht eigentlich nur aus dem 1. Zug. Um das Recht zum Schlagen i.V. herauszufinden, müssen folgende Überlegungen angestellt werden: Was könnte der letzte Zug von Schwarz gewesen sein? Ein Königszug kam nicht in Frage, welcher auch? Also werden die Bauernzüge unter die Lupe genommen. Der Be4 kann von keinem der drei Felder d5, e5, f5 gekommen sein, weil dort andere Steine stehen. Bleibt also nur noch der Be5 übrig — woher kam er? Offenbar nicht von d6 oder f6, weil dort weiße Steine stehen; auch nicht von e6, denn sonst wäre ja der wKd5 im Schach gestanden! Ergebnis der Retro-Analyse: Der Be5 kann nur vom Ausgangsfeld e7 gekommen sein. Somit war e7—e5 der letzte Zug von Schwarz, kein anderer war sonst möglich! Das Problem ist gelöst: Weiß darf daher en passant schlagen mit 1.f5xe6!

Wie wird ein Schachturnier aufgezogen?

Findet ein Schachturnier in der Betriebsschachgruppe, in einem Sportverein oder in privatem Kreise statt, so müssen einige Vorkehrungen getroffen werden. Stehen z. B. acht Spieler für ein Rundenturnier zur Verfügung, dann benötigt man vier Bretter und Spiele, acht Formulare zum Aufschreiben der Partien und eventuell vier Uhren. Turniere mit unerfahrenen Spielern werden ohne Uhren durchgeführt, doch sollte wenigstens je ein Partner die Züge auf einem Formular notieren.

Bei acht Teilnehmern müssen sieben Runden gespielt werden, jeder gegen jeden eine Partie (gegen sich selbst spielt man ja nicht). Damit in jeder Runde vier Partien zustande kommen, wird eine Auslosung vorgenommen, bei der den acht Spielern Ordnungszahlen von 1–8 zugeteilt werden. Anhand der Auslosungsziffern wird ein Turnierplan (Rundenplan) angefertigt, das heißt, jeder Teilnehmer kann aus der Paarungstabelle sofort ablesen, in welcher Runde er gegen welche ›Nummer‹ spielt, und ob mit Weiß oder Schwarz. Die erste Ziffer spielt mit Weiß, die zweite mit Schwarz.

Die Paarungstabelle für acht Teilnehmer sieht so aus:

1. Runde:	1	(8)	2,7	3,6	4,5
2. Runde:	(8)	5	6,4	7,3	1,2
3. Runde:	2	(8)	3,1	4,7	5,6
4. Runde:	(8)	6	7,5	1,4	2,3
5. Runde:	3	(8)	4,2	5,1	6,7
6. Runde:	(8)	7	1,6	2,5	3,4
7. Runde:	4	(8)	5,3	6,2	7,1

Die *Ziffer in der Klammer,* hier die 8, bedeutet, daß bei nur sieben Teilnehmern der Spieler mit der Gegenziffer von 8 in dieser Runde spielfrei bleibt; in der ersten Runde wäre dies die Nummer 1, dann 5 usw.

In der 1. Runde führt bei acht Spielern 1 gegen 8 die weißen Steine, 2 gegen 7 usw. Bei einer geraden Anzahl von Teilnehmern bekommt die Hälfte aller Spieler einmal mehr ›Weiß‹ als Schwarz, die andere Hälfte einmal mehr ›Schwarz‹ als Weiß. Nur bei ungerader Teilnehmerzahl erhält jeder Spieler gleich oft Weiß und Schwarz. Da es unter Turnierspielern als Vorteil gilt, den Anzug zu haben, spielt die Auslosung eine wichtige Rolle.

Paarungstafel für 3 – 4 Spieler:

1. Runde:	1	(4)	2,3
2. Runde:	(4)	3	1,2
3. Runde:	2	(4)	3,1

Paarungstafel für 5 – 6 Spieler

1. Runde:	1	(6)	2,5	3,4
2. Runde:	(6)	4	5,3	1,2
3. Runde:	2	(6)	3,1	4,5
4. Runde:	(6)	5	1,4	2,3
5. Runde:	3	(6)	4,2	5,1

Zu Beginn eines Turniers wird nach der Auslosung eine Turniertabelle (siehe Seite 94) aufgezeichnet. In die Tabelle werden die Resultate nach jeder Runde eingetragen: der Sieger erhält eine 1, der Verlierer eine 0 und bei Unentschieden bekommt jeder einen halben Punkt (½).
Die einzelnen Ergebnisse eines Spielers werden in die waagerechten Reihen eingetragen. Von oben links führt ein markierter Strich (einzelne Striche, Punkte oder Kreuze) schräg nach rechts unten durch die Tabelle. Wurde in einer Turnierpartie ein *Brett falsch aufgelegt* und bereits darauf gespielt, so wird die erreichte Stellung auf ein normal liegendes Brett übertragen und weitergespielt. Wurden aber versehentlich *einzelne Steine falsch* aufgestellt, ist die Partie ungültig und es muß eine neue gespielt werden (siehe Seite 138, Artikel 9, Ziffer 4 und 5 der Spielregeln des Weltschachbundes, »Regelwidrige Züge«).
Wenn ein Spieler von einem Turnier zurücktritt, werden seine bisherigen Ergebnisse annulliert, wenn er noch nicht die Hälfte der Partien gespielt hat. Hat er die Hälfte oder mehr gespielt, zählen die restlichen Partien als verloren.

Geschichte der Schachweltmeisterschaften

Von Steinitz bis Karpow (1866 – 1975)

Kämpfe hinter den Kulissen

Unter Fachleuten herrscht keine Übereinstimmung, wann mit der Aufzählung der Schachweltmeister begonnnen werden soll: ob bei Anderssen und Morphy oder erst bei Steinitz. Manche vertreten sogar die Auffassung, man könne noch weiter zurückgehen und mit dem Franzosen Philidor (erster Weltmeister) beginnen. Doch können Philidor und auch der Engländer Staunton schon deshalb ausgeklammert werden, weil Philidor zum Beispiel damals den führenden italienischen Meistern aus Modena (Lolli, Ponziani und del Rio) überhaupt nicht begegnet war. Ein namhafter deutscher Schachmeister, Max Blümich aus Leipzig, veröffentlichte 1937 ein Buch, in dem er diese Weltmeister aufzählte:

Adolph Anderssen, Deutschland	1851 – 1859
Paul Morphy, Amerika	1859 – 1861
Adolph Anderssen, Deutschland	1862 – 1866
Wilhelm Steinitz, Österreich	1866 – 1894
Emanuel Lasker, Deutschland	1894 – 1921
J. R. Capablanca, Kuba	1921 – 1927
Dr. A. Aljechin, Rußland (Frankreich)	1927 – 1935
Dr. Max Euwe, Holland	1935 – 1937
Dr. A. Aljechin	1937 – 1946

Diese Aufstellung kann man als historisch getreu akzeptieren, wenn auch die offiziellen Wettkämpfe um die Weltmeisterschaft erst 1886 bei Steinitz beginnen.

Auf eine wichtige Erscheinung bei allen Weltmeisterschaftskämpfen seit Lasker bis Botwinnik 1963 muß noch hingewiesen werden. Die amtierenden Weltmeister haben ihren Rivalen Bedingungen gestellt, die als unsportlich angesehen werden mußten. In vielen Fällen konnten die potentiellen Herausforderer die aufgestellten Hürden nicht überspringen. Lasker spielte zwar mit Janowski im Jahre 1909 zwei Wettkämpfe, er stellte sich aber weder Rubinstein noch Capablanca. Gegen den

Wiener Carl Schlechter wurde es 1910 nur ein Rumpfkampf, denn bis heute ist es unklar, ob Schlechter von den zehn Partien eine oder zwei hätte mehr gewinnen müssen, um den Titel zu gewinnen. (Am Ende war der Stand 5 : 5 Unentschieden.) 1912 gab es zwischen Lasker und Capablanca eine Disharmonie, bei der die Schachwelt auf Seite des Kubaners stand. Lasker taktierte endlos, stellte immer neue Forderungen, so daß die Schachwelt des Zanks überdrüssig wurde. Schließlich gab Lasker 1920 seinen Titelverzicht bekannt, den Capablanca bekanntlich nicht akzeptierte. Er war stark und wollte nicht, wie 45 Jahre später Karpow, Weltmeister am grünen Tisch werden. Capablanca brachte nach dem Ersten Weltkrieg die für damalige Verhältnisse riesige Summe von 20000 $ auf, wovon Lasker auch im Fall einer Niederlage 11000 $ erhalten sollte. Capablanca gewann 1921 in Havanna – ohne Niederlage. Die 11000 $, die Lasker in der Notzeit nach dem Ersten Weltkriege dringend gebrauchen konnte, verlor er als schlechter Geschäftsmann in der darauffolgenden Inflation wieder. Capablanca als neuer Weltmeister ging mit den zukünftigen Herausforderern noch schonungsloser um. In London 1922 diktierte er den schockierten Meistern seine Bedingungen. Wie sollte in jener Zeit ein Schachmeister einen Einsatz von 10000 $ (die Spesen noch nicht mitgerechnet!) aufbringen? Nur Aljechin war dazu in der Lage. Aber der Wettkampf mit Aljechin, den Capablanca lange hinauszögerte, kam erst zustande, als Nimzowitsch zugunsten von Aljechin verzichtete (Aljechin: »Ihm fehlte eine Kleinigkeit – das nötige Geld!«). Dieses ›Ringelspiel‹ ging nach 1927 auch bei Aljechin weiter, denn auch er gab dem besiegten Rivalen keine Chance für einen Rückkampf. Dafür spielte Aljechin mit seinem Landsmann Bogoljubow zwei Wettkämpfe, die er sicher gewann. 1948 übernahmen die Russen die Führung, und Michael Botwinnik war der erste Weltmeister. Wer nun annahm, daß es jetzt bei Weltmeisterschaften fair und sportlich zugeht, hatte sich getäuscht. Am meisten waren die eigenen Landsleute Botwinniks die Geprellten. Botwinnik und die sowjetische Schachföderation verstanden es geschickt, ihre Vorstellungen im Weltschachbund nach dem Zweiten Weltkrieg durchzusetzen. Der Weltmeister beanspruchte das Recht, im Falle einer Niederlage (nach drei Jahren) binnen Jahresfrist mit demselben Gegner einen Rückkampf austragen zu können. Die Opfer dieser Sonderregelung wurden ausnahmslos Russen. Zuerst gab es 1951 ein 12 : 12 Unentschieden mit Bronstein. Smyslow und Tal, von denen jeder einmal den Weltmeister entthronte (1954 und 1960), unterlagen im Jahr darauf wieder im Rückkampf mit Botwinnik. Erst 1962 schaffte die FIDE Ordnung; das Rückkampfrecht wurde aufgehoben. Seit 1963 findet nun alle drei Jahre der Zweikampf um die Schachweltmeisterschaft statt. Freilich sieht sich der Weltschachbund fortwährend bedrängt, den geltenden Modus zu reformieren – ob zum Vorteil für die Schachwelt, mag dahingestellt bleiben. Zur neuen Abänderung des WM-Modus für 1978 trug nicht zuletzt Robert Fischer bei, der 1975 freiwillig auf den Titel verzichtet hatte. Der Amerikaner, der fünfzehn Jahre erbittert gegen die Vorrechte der Russen gekämpft hatte, wollte sich nun selbst vom Weltmeistertitel nicht mehr trennen.

Fischer verzichtet freiwillig

Der 32jährige Amerikaner hintertrieb den für 1975 fälligen Zweikampf mit dem Russen Anatol Karpow. Diesmal war die FIDE stark genug, das Diktat eines Weltmeisters ablehnen zu können. Fischer hatte verlangt, daß sein Gegner zwei Partien mehr als er selbst zum Titelgewinn benötigen sollte – Fischer wollte nämlich schon beim Stand von 9 : 9 Sieger sein, obwohl der Gewinner nach dem Reglement zehn Siege aufweisen sollte.

Der neue WM-Modus für 1978

Die FIDE setzte das neue Reglement für Weltmeisterschaften ab 1978 so fest: Wer als erster Spieler sechs Partien gewinnt, ist Sieger. Die Zahl der zu spielenden Partien wird nicht begrenzt. Unentschieden werden nicht gewertet. Unterliegt der Weltmeister, so steht ihm das Recht auf einen Rückkampf innerhalb von 12 bis 15 Monaten zu. Damit ist das 1961 abgeschaffte Rückkampfrecht wieder ins Reglement aufgenommen worden.

Die Taktik der Weltmeister seit Laskers Zeiten ist verständlich. Wurden doch den Weltmeisterkandidaten große Hindernisse in den Weg gelegt, bevor sie ihren Traum als Weltmeister erfüllt sahen. Erreichten sie aber das Ziel, vergaßen sie die Anrechte der neuen Anwärter und die Interessen der Schachwelt. Sie wollten jetzt ebenso den Titel behalten.

Nur ein Diplomat wie der holländische Exweltmeister Dr. Euwe konnte es 1972 verhindern, daß es damals beim Zweikampf Fischer–Spassky nicht zum Bruch zwischen Amerika und Rußland im Weltschachbund kam.

Geschichte des Schachspiels – Kurzfassung

Die ältesten literarischen Quellen über die Entstehung des Schachspiels deuten auf das Jahr 570 n. Chr., exakt festgelegt von dem englichen Orientalisten H. Murray und dem deutschen Gelehrten und Diplomaten Tassilo von Heydebrand und der Lasa (1818 – 1899). Aber erst im 7. Jahrhundert wird das Schachspiel zum ersten Mal erwähnt, und zwar von dem indischen Dichter Bana am Hofe des Königs Sriharscha von Kanjakubdscha im Jahr 606 bis 647. In den Versen ist von friedlichen Kriegen die Rede, den die zwei Heere des Tschaturanga führten. Von den zwei Armeen mit den vier Waffengattungen Elefanten, Pferde, Kriegswagen und Fußvolk spielten je zwei Parteien gegeneinander: rot und gelb gegen schwarz und grün. Der Zug wurde durch einen Würfel mit vier Ziffern bestimmt. Als Kriegsziel galt das Schlagen der gegnerischen Könige, früher einfach die Eroberung aller Steine.

Von Indien kam das Schachspiel nach Persien. Der Name *Tschaturanga* bedeutet im Sanskrit »das Vierteilige«. Dieses Sanskritwort haben die Perser leicht umgewandelt in *Tschatrang* und es später an die Araber weitergegeben, die *Schatrandsch* daraus bildeten. Der Name Schach entstammt dem persischen Schah = König. Nach der Eroberung Persiens durch die Araber im 7. Jahrhundert wurde das Schach in den folgenden zwei Jahrhunderten in allen Ländern entlang des Mittelmeers eingeführt, vor allem in Sizilien und Spanien. Die arabischen Bezeichnungen der einzelnen Figuren wirken zum Teil bis in unsere Tage. Der König hieß Al-Schach; Al-Firzan war die Dame (Dama = Spielstein, es bedeutete aber auch Wesir oder Rat), Al-Fil war der Elefant – unser Läufer; Al-Faras (Springer, Reiter); Al-Roch (Turm), und Al-Beizag (Bauer). Im Englischen heißt der Turm noch Rook, im Italienischen der Läufer Alfiere, im Spanischen Alfil; im Russischen wird die Dame »Fierz« genannt, von Wesir stammend.

»Matt« kommt aus dem Arabischen und bedeutet tot oder gestorben.

Reform des Schachspiels im 15. Jahrhundert.
Dame und Läufer werden zu mächtigen Figuren.
Die Rochade wird eingeführt.

In Sizilien und Spanien, wohin die Mauren und Sarazenen bei ihrem Einfall im 9. Jahrhundert auf der iberischen Halbinsel das Schachspiel gebracht hatten, entwickelte sich eine europäische Schachliteratur. Die Handschrift »Über das Schachspiel und andere Spiele« aus dem Jahre 1283 wurde auf Veranlassung von König Alfons X., dem Weisen, hergestellt. Man nimmt an, daß der König die Einleitung dazu selbst geschrieben hat (Escorial-Bibliothek).
Größte Bedeutung nach Ansicht des Historikers von der Lasa erlangte die in lateinischer Sprache verfaßte Schrift des französischen Mönches Jacobus de Cessolis aus dem Jahre 1275. Sie ist in der Übersetzung von T. von der Lasa noch heute in europäischen Bibliotheken zu finden. Die Reformierung des Schachspiels von etwa 1492 an wird auf spanische und italienische Schachmeister zurückgeführt.
Die gewaltigen Veränderungen, die sich damals im Bewußtsein der Menschen vollzogen, gaben auch der Reformierung des Schachspiels den Anstoß. Das Denken des Mittelalters wurde überwunden, in Europa kam ein neues Weltbild in Sicht. Columbus entdeckte Amerika; die Schiffe der portugiesischen und spanischen Seefahrer fuhren auf die Weltmeere hinaus. Spanische und italienische Schachmeister trafen sich in dem Bemühen, auch das Schachspiel dem Zeitgeist anzupassen. Es entstand die schrittgewaltige Dame (Königin), die den Wesir ablöste. Aber auch der Läufer durfte jetzt über die ganze Diagonale schreiten.
Der Charakter des Spiels wurde dennoch nicht grundlegend geändert. Die Umwandlung der Bauern auf der letzten Reihe in Figuren wurde eingeführt. Die unbeschränkte und freie Umwandlung der Bauern setzte sich in Deutschland erst zwischen 1830 bis 1840 durch. Es war das Verdienst des preußischen Offiziers Rudolf von Bilguer, die freie Umwandlung im Berliner Schachkreis durchzusetzen. Ludwig Bledow hatte bis dahin streng an der alten Regel festgehalten, daß ein Bauer nur in eine bereits geschlagene Figur verwandelt werden dürfe. Von jetzt an galt die Regel: Ein Bauer, der die letzte Reihe erreicht, kann in eine beliebige Figur der gleichen Farbe umgewandelt werden (auch in eine zweite Dame, Turm, dritten Springer, Läufer usw.).

Das Spiel des Damiano

Der portugiesische Meister Damiano, von Beruf Apotheker, verfaßte im Jahre 1512 ein Schachbuch, das bereits Partiebeispiele und Eröffnungsvarianten nach den neuen Regeln enthielt. Wir finden darin diese alte Eröffnungsfalle:

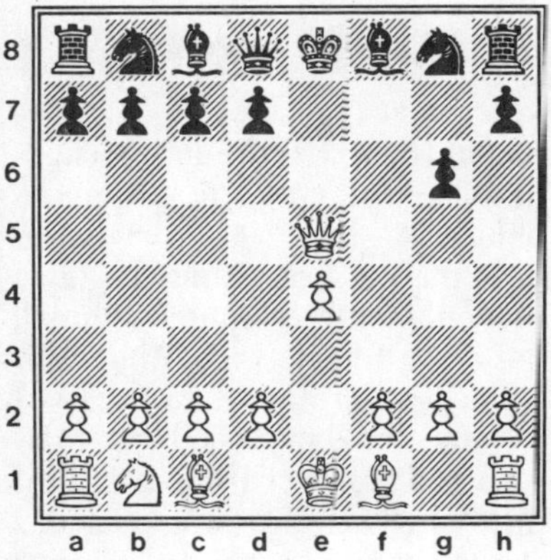

Stellung nach 5.Dh5xe5+

1.e2—e4	e7—e5
2.Sg1—f3	f7—f6?
3.Sf3xe5	f6xe5
4.Dd1—h5+	g7—g6
5.Dh5xe5+	

Die Neuheit für die damalige Schachkunst waren die jetzt möglichen langen Kreuz- und Querzüge der Dame. Mit der gezeigten Variante, die Weiß durch ein Springeropfer im 3. Zug in Gewinnstellung bringt, führt man noch heute in den Lehrbüchern den Lernenden in die Eröffnung und Kombinationskunst ein. Es wird als »Spiel des Damiano« bezeichnet.

Die Wanderung des Schachs bis zur Blüte in Deutschland

Waren vom 14. bis 17. Jahrhundert die Italiener und Spanier tonangebend im Schach, so änderte sich das im 18. und 19. Jahrhundert, als die Schachkunst über Spanien und Frankreich nach Deutschland wanderte. Die Nationen, die politisch die Macht besaßen, waren auch stets im Schach dominierend! Diese Entwicklung kann bis ins 20. Jahrhundert hinein verfolgt werden. Nach dem Ersten Weltkrieg, genauer gesagt von 1930 an, waren die Amerikaner die Gewinner der Schacholympiaden. Nach Ende des Zweiten Weltkrieges nahmen die Russen den Platz ein und verdrängten die Amerikaner. Die UdSSR stellte bis auf den heutigen Tag jedesmal den Mannschaftsweltmeister. Als Einzelweltmeister konnte lediglich der Amerikaner Robert Fischer für drei Jahre die Vorherrschaft der Russen brechen.

Wie viele Großmeister gibt es?

Die »Internationalen Meister« und »Internationalen Großmeister« werden vom Weltschachbund (FIDE) nach dem festgelegten Elo-Verfahren ernannt und geführt. Seit einigen Jahren gibt die FIDE jedes halbe Jahr eine Rangliste der Meister und Großmeister heraus. Wer länger als drei Jahre die verlangte Norm nicht mehr aufweisen kann, wird in der Liste gestrichen.

In früheren Jahrzehnten, vor allem vor der Etablierung des Weltschachbundes (1924) wurden Großmeistertitel offiziell nicht geführt. Die Schachwelt sah als Großmeister den an, der in mehreren großen Turnieren erste Plätze und später entsprechend vordere Ränge erzielte. »Verehrter Herr ›Großkollega‹!«, pflegte Dr. Tartakower den entsprechenden Kollegen anzusprechen. Wer von dem scharfsinnigen (und scharfzüngigen) Dr. Tarrasch in der Presse bloß mit seinem Namen genannt wurde, der konnte sich als Meister akzeptiert fühlen; war aber etwa zu lesen: »*Herr* Lehmann eröffnete gegen E. Prost mit dem Damenbauer«, dann war die entsprechende Klassifizierung für jedermann obligat.

Großmeister Fritz Sämisch klagte in den sechziger Jahren einmal, daß es keine gewöhnlichen Schachspieler mehr gäbe: »Wo ich auch hinkomme, jeder ist Meister, und wenn er früher nur einmal Vereinsmeister war oder das B-Klassenturnier seines Vereins gewonnen hatte!«

Der Weltschachbund sah sich 1970 gezwungen, der modernen Meisterflut Einhalt zu gebieten. Die ungeheure Anzahl der ständig laufenden Turniere brachte es mit sich, daß immer neue Meister- und Großmeisternormen erfüllt wurden, wobei oft auch kräftig außerhalb des Schachbretts nachgeholfen wurde. Benötigte ein Spieler in einem Turnier noch dringend einen ganzen oder einen halben Punkt zu Erfüllung seiner Norm, schlug man einem Kollegen ein Tauschgeschäft vor (das nächste Mal wird er den Punkt geschenkt bekommen), oder die einzelnen nationalen Schachverbände handelten in der Verleihungskommission der FIDE nach dem Motto: Ernennst du meinen Meister, akzeptiere ich deinen Meister. Seit der Einführung des Elo-Systems des US-Professors A. Elo wird die Reglementierung von einem Computer durchgeführt. Die FIDE-Kommission bestätigt jedes Jahr auf ihren Kongressen die neuen Titelhalter.

Schon nach wenigen Jahren stellte sich heraus, daß mit den neuen Bestimmungen für den Großmeistertitel die FIDE nur erreicht hat, den Teufel mit Beelzebub auszutreiben. Die Flut der Titelträger, die man durch gesetzte Normen eindämmen wollte, hat sich weiter ausgebreitet. Die interessierten Länder veranstalten Schachturniere und laden dazu Titelträger mit der entsprechenden Elo-Ziffer ein. Die jungen Großmeisterkandidaten spielen allesamt ausgezeichnet – die Erfüllung der GM-Norm wird immer gelingen, wenn man nur genügend Turniereinladungen wahrnimmt.

Schachdorf Ströbeck

Ströbeck

In Ströbeck, das im Kreis Wernigerode in Sachsen-Anhalt liegt (DDR) und etwa 2000 Einwohner zählt, reicht die Tradition des Schachspiels bis in das Jahr 1011 zurück. Die Chronik berichtet, daß Kaiser Heinrich II. damals einen vornehmen Gefangenen den Ströbecker Bauern zur Bewachung übergab. Der gefangene Fürst brachte den Einwohnern das Schachspiel bei. Die Ströbekker blieben von den Grauen des 30jährigen Krieges verschont, so daß das ursprüngliche Schach erhalten blieb. In früheren Jahrhunderten wurde den Gästen außer einem Willkommenstrunk auch eine Partie Schach angeboten.

Die Tradition blieb bis heute erhalten. In der Schule wird Schach von der 5. bis 8. Klasse unterrichtet. Der alte Schachturm ist zu einem Museum umgewandelt worden. Das Schachdorf Ströbeck gilt in der Schachwelt als einmalige Kuriosität. Es wird hier nach eigenen Regeln gespielt. Weltmeister wie Dr. Lasker 1912 und Michael Tal 1970 besuchten das Schachdorf, um dort nach den überlieferten alten Regeln zu spielen.

Noch heute haben die Ströbecker auf dem Rathaus ein Schachspiel mit der Inschrift:

»daß Serenissimus, Churfürstliche Durchlaucht von Brandenburg und Fürst zu Halberstadt, Herr Friedrich Wilhelm, dieses Schach- und Curierspiel den 13. Mai 1651 dem Flecken Ströpech aus sondern Gnaden verehret und bei ihrer Freiheit gnädigst zu schützen

Tafel I (rechts):
Das Partieformular stammt vom Schachkongreß zu Ostende 1906 und hält die Züge der Partie zwischen dem Schweizer Meister Paul Johner gegen den deutschen Meister P. S. Leonhardt (Hamburg) fest. Die heute nicht mehr üblichen aufgedruckten Diagramme dienten der Aufzeichnung der Stellung beim Abbruch der Partie.
Die restlichen Züge auf der Rückseite des Formulars lauten – damals noch alles mit Bleistift geschrieben –: 21.Td1 Ke8 22.Tc1 Dd7 23.Tc8: Dc8: 24.Td5: g6 25.Td1 Dc2 26. Tc1 Db2: 27.Tc8+ Ld8 28.Df1 Df6 29.Dd3 De7 30.Lc7 – aufgegeben. Eine brillante Partie Johners, der 1938 in Berlin starb. (Berühmt wurde auch sein Bruder Hans Johner, zehnmal Schweizer Meister und bekannter Problemkomponist; erster Geiger im Tonhallenorchester Zürich. Er starb hochbetagt 1976.) Leonhardt war gebürtig aus Posen und starb 1934 in Königsberg.

8. Runde

Position après le ...... coup des Blancs / Noirs

NOIRS

BLANCS

TEMPS, Heures, Min.

Blancs ....

Noirs ....

Coup cacheté

Position après le ...... coup des Blancs / Noirs

NOIRS

BLANCS

TEMPS, Heures, Min.

Blancs ....

Noirs ....

Coup cacheté

Congrès d'Échecs d'Ostende 1906

Tournoi Maître ÉTAPE OU SECTION 8 / 13

Jouée le 11-VI *1906*

	BLANCS	NOIRS
	M Paul Johner	M O.S. Bernstein
1	d4	d5
2	c4	e6
3	S-c3	dxc4
4	S-f3	b6
5	a4	b6
6	e4	L-b7
7	Lxc4	S-f6
8	0-0	Sxe4
9	Sxe4	Lxe4
10	T-e1	L-d5
11	Lxd5	Dxd5
12	T-e5	D-d7
13	d5	c6
14	S-d4	cxd5
15	D-g4	S-c6
16	Sxc6	Dxc6
17	L-f4	f5
18	D-h3	L-e7
19	Ta-d1	T-c8
20	g3	K-d7

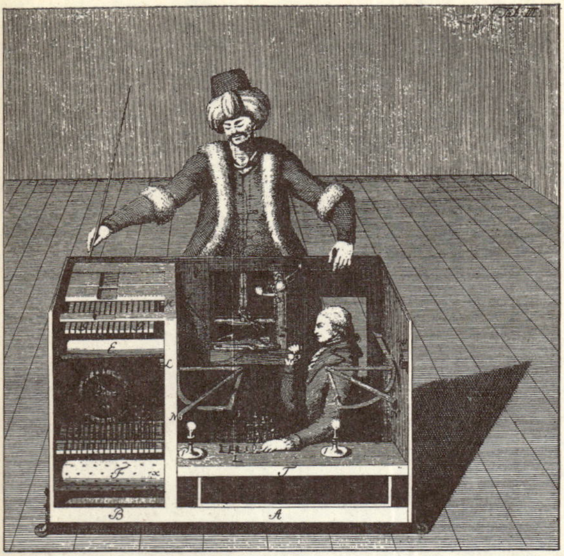

Tafel II (links oben):
Ein Aufriß des berühmten Schachautomaten des ungarischen Barons von Kempelen.
(unten):
Mit den Figuren von Lasker und Tschigorin, mit denen diese in Hastings 1895 spielten, sitzen sich Großmeister Unzicker und der spätere Weltmeister Smyslow in Hastings 1955 gegenüber.

Tafel III (rechts oben):
Im Turnierkampf: 1952 in Luzern bei Schweiz – Deutschland zwischen dem Autor und W. Henneberger.
(unten):
Ein blinder Schachfreund beim Turnierspiel. Die Steine sind unten mit Stiften versehen und werden damit in die Vertiefungen der Felder versenkt.

Weiss am
Schuster
Henneberger

GENS UNA SUMUS
FIDE

zugesagt, solches ist zum ewigen Gedächtnis hier aufgezeichnet.«

Die Grundstellung von Ströbeck:

Weiß: L. Bledow (Berlin)

Schwarz: Ein Ströbecker

In Ströbeck etwa um 1840 gespielt

1.a2—a4	a7—a5
2.d2—d4	d7—d5
3.h2—h4	h7—h5
4.Dd1—d3	Dd8—d6

Die ersten vier Züge bilden den sogenannten Ströbecker Ansatz, der beiderseits obligat vorgeschrieben ist, bevor das eigentliche Spiel beginnt.

5.g2—g3	g7—g6
6.Lc1—f4	Dd6—b6
7.Dd3—c3	Ke8—d7

Die Rochade ist unbekannt; ebenso das en-passant-Schlagen. Die Bauern dürfen nur noch einen Schritt ziehen.

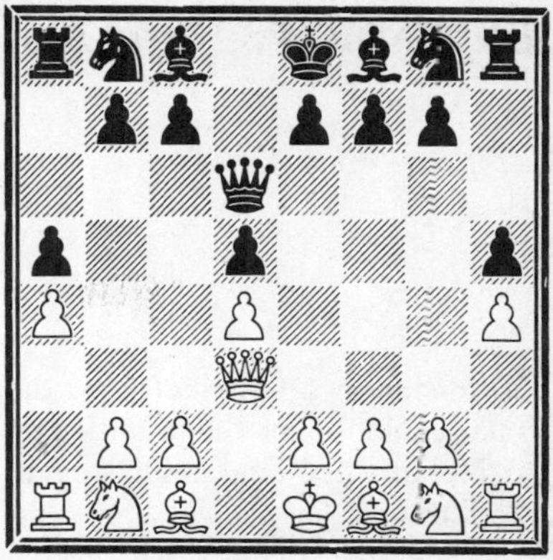

Vorgeschriebene Grundstellung

8.Sg1—f3	Sb8—a6
9.e2—e3	Sg8—f6
10.Lf1—d3	e7—e6
11.Ke1—e2	Lf8—d6
12.Sf3—e5+	Kd7—e8
13.Sb1—d2	Lc8—d7
14.Sd2—f3	Ta8—c8
15.Sf3—g5	Th8—f8
16.Se5xf7	Tf8xf7
17.Ld3xg6	Sf6—h7

Der kombinationsgewaltige Berliner Meister in seinem Fahrwasser.

18.Sg5xf7	Sh7—f8
19.Lg6xh5	Ke8—e7
20.Lf4—g5+	Ke7—e8
21.Sf7xd6++	und matt.

Reisende, die im zwei Kilometer entfernten Bahnhof aus Richtung Halberstadt eintreffen, grüßt ein Transparent: »Herzlich willkommen im Schachdorf Ströbeck«.

Tafel IV (links oben):
Bühne und ein Teil des Spielsaals im Deutschen Museum in München bei der XIII. Schacholympiade. Vom Wahlspruch der FIDE „Gens una sumus" (Wir sind eine Familie), 1924 bei Gründung des Weltschachbundes etabliert, mußte FIDE-Präsident Dr. Max Euwe (Holland) 1976 einräumen, als zwei Olympiaden in Haifa und Tripolis aufgezogen wurden: „Dieses Motto ist nicht mehr zeitgemäß."
(unten):
War er Linkshänder? Weltmeisterkandidat über 40 Jahre und Großmeister, Paul Keres, 1916 in Riga geboren, bei einer seiner vielen Simultanvorstellungen in der Schweiz. Der sympathische Estländer, der fließend Deutsch sprach, gehörte von 1936 an zu den begehrtesten Gästen auf westeuropäischen Turnieren und hatte besonders in Deutschland und der Schweiz einen großen Freundeskreis.

Die Spielregeln des Weltschachbundes

Die ersten zwölf Artikel über die Spielregeln sowie die wichtigsten Artikel aus den Ergänzungsregeln für Turniere:

I. Teil. Allgemeine Regeln

Art 1. Einführung

Das Schachspiel wird auf einer quadratischen Fläche (»Schachbrett«) zwischen zwei Gegnern vermittels der Bewegung von Steinen gespielt.

Art 2. Das Schachbrett und seine Anordnung

1. Das Schachbrett besteht aus 64 gleichgroßen, quadratischen, abwechselnd hellen (die »weißen« Felder) und dunklen Feldern (die »schwarzen« Felder).
2. Das Schachbrett wird derart zwischen die Spieler gelegt, daß das jedem Spieler zugewandte Eckfeld zur Rechten ein weißes ist.
3. Die acht Aufeinanderfolgen von Feldern, die von dem dem einen der Spieler zugewandten Brettrand zu dem dem anderen Spieler zugewandten Brettrand verlaufen, heißen »Linien«.
4. Die acht Aufeinanderfolgen von Feldern, die von einem Brettrand zum anderen im rechten Winkel zu den Linien verlaufen, heißen »Reihen«.
5. Die Aufeinanderfolgen von gleichfarbigen Feldern, die sich an den Ecken berühren, heißen »Diagonalen«.

Art 3. Die Steine und ihre Anordnung

Bei Spielbeginn verfügt der eine Spieler über 16 helle Steine (die »weißen« Steine), der andere über 16 dunkle Steine (die »schwarzen« Steine).

Diese Steine sind die folgenden:
Ein weißer König mit dem gebräuchlichen Symbol ♔
eine weiße Dame mit dem gebräuchlichen Symbol ♕
zwei weiße Türme mit dem gebräuchlichen Symbol ♖
zwei weiße Läufer mit dem gebräuchlichen Symbol ♗
zwei weiße Springer mit dem gebräuchlichen Symbol ♘
acht weiße Bauern mit dem gebräuchlichen Symbol. ♙
Ein schwarzer König mit dem gebräuchlichen Symbol ♚

eine schwarze Dame mit dem gebräuchlichen Symbol
zwei schwarze Türme mit dem gebräuchlichen Symbol
zwei schwarze Läufer mit dem gebräuchlichen Symbol
zwei schwarze Springer mit dem gebräuchlichen Symbol
acht schwarze Bauern mit dem gebräuchlichen Symbol.

Die Anfangsstellung der Steine auf dem Schachbrett:

Zu Artikel 3
Man spricht also von einer a-, b-, c-, d- usw. Linie, einer 1., 2., 3., 4. usw. Reihe und der Diagonalen a1—h8, c2—h7, h3—c8 usw. Vgl. Nachtrag 1, Das algebr. System.

Art 4. Die Spielführung

1. Die beiden Spieler müssen abwechselnd spielen, wobei sie jedesmal einen Zug ausführen. Derjenige, der die weißen Steine hat, beginnt die Partie.
2. Man sagt, daß ein Spieler am Zuge ist, wenn die Reihe an ihm ist, einen Zug zu tun.

Art 5. Der allgemeine Begriff des Zuges

1. Mit Ausnahme der Rochade (Art 6) ist ein Zug das Bewegen eines Steines von einem Feld auf ein anderes, das entweder frei oder nur von einem gegnerischen Stein besetzt ist.
2. Kein Stein, mit Ausnahme des Turmes bei der Rochade und des Springers (Art 6), kann ein Feld überschreiten, das von einem anderen Stein besetzt ist.
3. Wird ein Stein auf ein von einem gegnerischen Stein besetztes Feld gezogen, so schlägt (nimmt) er mit dem gleichen Zuge den dort befindlichen Stein Dieser muß sofort vom Brett entfernt werden, und zwar von demjenigen Spieler, der die Wegnahme bewirkt hat. Bezüglich des Schlagens (Nehmens) »en passant« siehe Art 6.

Zu Artikel 5, Ziffer 2
Es sei auf Artikel 7 b) und Artikel 8, Absatz 2, verwiesen.

Art 6. Die besondere Gangart der Steine

Der König
Mit Ausnahme der Rochade bewegt sich der König von seinem Feld auf ein angrenzendes Feld, das nicht von einem gegnerischen Stein bedroht ist. Die Rochade ist

eine Bewegung des Königs, vervollständigt durch die eines Turmes. Sie gilt als ein einziger Zug (und zwar als Königszug) und wird genau folgendermaßen ausgeführt:
Der König verläßt sein ursprüngliches Feld, um auf derselben Reihe eines der beiden nächsten Felder gleicher Farbe zu besetzen; sodann zieht derjenige Turm, zu dem sich der König hinbewegt hat, über den König hinweg auf dasjenige Feld, das dieser soeben überschritten hat.

Darf bei der Rochade auch zuerst der Turm gezogen werden?
Weil es praktischer und eindeutiger für den Lernenden ist, wird die Rochade meist so ausgeführt, daß zuerst der Turm an den König herangezogen wird und danach springt der König über den Turm und setzt sich direkt dahinter. Oft kann beobachtet werden, daß Spieler die lange Rochade falsch ausführen: bei Weiß steht der König auf b1 (anstatt auf c1) und der Turm auf c1 (anstatt auf d1). Aus diesem Grund soll gegen die Art der Rochade mit dem Turmzug kein Einwand erhoben werden.
Die Regel schreibt jedoch vor, daß zuerst der Königszug geschehen soll. Weil es aber öfters Reibereien gegeben hat, wurde von der FIDE 1975 ein Zusatzkommentar herausgebracht, der lautet: »Wenn ein Spieler bei Ausführung der Rochade zuerst mit dem Turm zieht, soll der Turnierleiter eine Ermahnung aussprechen. Die Rochade soll aber als gültiger Zug gelten, und der Gegner kann nicht verlangen, daß nur ein Turmzug zu geschehen habe.«
Die Rochade ist nach beiden Seiten ein für allemal unmöglich, wenn der König bereits gezogen hat. Die Rochade ist ebenfalls ein für allemal unmöglich mit einem Turm, der bereits gezogen hat.

Die Rochade ist vorübergehend verhindert:
a) Wenn das ursprüngliche Feld des Königs oder das Feld, das der König überschreiten soll, oder dasjenige, das er besetzen soll, von einem gegnerischen Stein bedroht ist,
b) wenn sich Steine zwischen dem König und demjenigen Turm befinden, auf den sich der König hinbewegen soll.

Die Dame
Die Dame bewegt sich auf den Linien oder Diagonalen, auf denen sie sich befindet.

Der Turm
Der Turm bewegt sich auf den Linien oder Reihen, auf denen er sich befindet.

Der Läufer
Der Läufer bewegt sich auf den Diagonalen, auf denen er sich befindet.

Der Springer

Die Bewegung des Springers setzt sich aus zwei verschiedenen Schritten zusammen. Er macht einen Schritt auf ein unmittelbar angrenzendes Feld der Linie oder Reihe, sodann unter gleichzeitiger weiterer Entfernung vom Ausgangsfeld einen Schritt auf ein unmittelbar angrenzendes Feld der Diagonalen.

Der Bauer

Der Bauer bewegt sich nur vorwärts.

a) Mit Ausnahme eines Schlagfalles geht er von seinem ursprünglichen Feld aus um ein oder zwei Felder auf der Linie vor und in der Folge um ein freies Feld auf der Linie. In einem Schlagfalle bewegt er sich auf ein solches Feld vorwärts, das auf der Diagonalen an sein eigenes grenzt.

b) Ein Bauer, der ein Feld bedroht, das von einem gegnerischen Bauern bei dessen Doppelschritt vom Ursprungsfeld aus überschritten worden ist, kann diesen Bauern – aber nur im unmittelbar darauffolgenden Zug – so schlagen, als ob dieser sich nur um ein Feld vorwärts bewegt hätte. Dieses Schlagen heißt »Schlagen en passant«.

c) Jeder Bauer, der die letzte Reihe erreicht hat, muß sofort, als Bestandteil des gleichen Zuges, in eine Dame, einen Turm, einen Läufer oder einen Springer von gleicher Farbe verwandelt werden, nach Wahl des Spielers und ohne Rücksicht auf die anderen noch auf dem Brett befindlichen Steine. Dieses Verwandeln eines Bauern heißt »Umwandlung«. Die Wirkung des umgewandelten Steines tritt sofort in Kraft.

Beim Internationalen Turnier von Birmingham 1862 war es noch erlaubt, einen Bauern auf der letzten Reihe zunächst als Bauer stehen zu lassen – dann nämlich, wenn die Dame aus der Grundstellung noch im Spiel war. Die zweite Dame durfte erst dann in Aktion treten, wenn die Dame aus der Grundstellung vom Brett verschwunden war.

Ist heute eine zweite Dame nicht sofort für den Spieler zur Hand, so wird in der Regel ein Turm auf den Kopf gestellt, der die neue Dame darstellt. Auf Turnieren hat der Turnierleiter für die unverzügliche Herbeischaffung einer zweiten Dame zu sorgen.

Art. 7. Die Ausführung der Züge

Die Ausführung eines Zuges ist vollendet:

a) Bei der Bewegung eines Steines auf ein freies Feld, wenn der Spieler den Stein losgelassen hat;

b) beim Schlagen, wenn der geschlagene Stein vom Schachbrett entfernt worden ist und der Spieler seinen eigenen Stein auf den neuen Platz gestellt und losgelassen hat;

c) bei der Rochade, wenn der Spieler den Turm auf dem vom König überschrittenen Feld losgelassen hat. Wenn der Spieler den König losgelassen hat, ist der Zug noch nicht ausgeführt, aber der Spieler ist dann nicht mehr berechtigt, einen anderen Zug auszuführen als die Rochade;

d) bei der Umwandlung eines Bauern, wenn der Bauer vom Schachbrett entfernt worden ist und wenn der Spieler den neuen Stein, der auf das Umwandlungsfeld gestellt worden ist, losgelassen hat. Wenn der Spieler den auf dem Umwandlungsfeld angelangten Bauern losgelassen hat, ist der Zug noch nicht ausgeführt, aber der Spieler ist dann nicht mehr berechtigt, den Bauern auf ein anderes Feld zu ziehen.

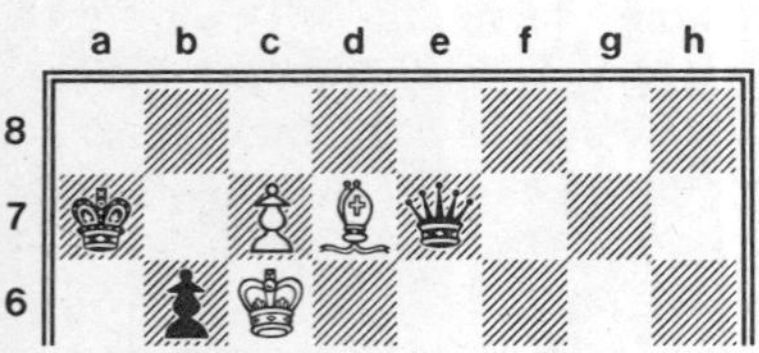

Weiß spielte 1.c7—c8, und der Gegner stellte dem Weißen eine Dame auf das Feld c8, nachdem er gleichzeitig den Bc8 dafür entfernt hatte! Dann setzte er mit 1....De7—c5 matt! Das alles, ohne den Gegner mit den weißen Steinen zu fragen. Aber Weiß war damit nicht einverstanden, und er hatte ja auch das Recht, seine Züge selbst auszuführen:
1.c7—c8 S+!

Weiß stellte die ihm vom Gegner unerlaubt ›untergeschobene‹ Dame wieder weg, suchte sich einen Springer neben dem Brett heraus, und sagte »Schach«! (Er ist nicht verpflichtet »Schach« zu sagen.) Es war der ideale Streitfall für den Turnierleiter: Weiß durfte sich natürlich eine Figur seiner Wahl nehmen, also einen Springer! Und so gewann nicht Schwarz, sondern Weiß ...

Art. 8. Der berührte Stein

Unter der Bedingung, daß er seinen Gegner vorher davon in Kenntnis gesetzt hat, kann der am Zuge befindliche Spieler einen oder mehrere Steine auf deren Feldern zurechtrücken. Mit Ausnahme dieses Falles muß ein am Zuge befindlicher Spieler, wenn er einen oder mehrere Steine berührt hat, seinen Zug so ausführen, daß er von den berührten Steinen, die überhaupt gezogen oder geschlagen werden können, den zuerst berührten zieht oder schlägt.

Wenn der Spieler Steine verschiedener Farbe berührt, muß er den feindlichen Stein mit dem eigenen berührten Stein oder, wenn das nicht möglich ist, mit einem anderen Stein schlagen. Wenn keiner der berührten oder geschlagenen Steine gezogen oder geschlagen werden kann, darf der Spieler einen regulären Zug nach eigener Wahl ausführen.

Wenn der Gegner es unterlassen

hat, auf die Nichtbefolgung dieser Regel hinzuweisen, bevor er seinerseits einen Stein berührt hat oder wenn keiner der oben angeführten Züge nach den Regeln ausgeführt werden kann, bleibt dieser Verstoß ohne Folgen.

Zwei Beispiele:

1.e4 e6 2.d4 d5 3.Sc3 Lb4 4.Ld3 de4: 5.Se4: (?)

Schwarz macht den Gegner darauf aufmerksam, daß das ein regelwidriger Zug ist. Was hat zu erfolgen? Weiß muß den Springer wieder nach c3 setzen, denn er ist vom Lb4 gefesselt und kann nicht ziehen. Danach muß Weiß den Be4 mit seinem Läufer schlagen, denn er hat den Be4 bereits berührt. Nach 5. Le4: nimmt die Partie ihren regulären Fortgang.

Art. 9. Regelwidrige Züge

1. Wenn im Laufe einer Partie festgestellt wird, daß ein Zug regelwidrig ausgeführt worden ist, muß die Stellung so wiederhergestellt werden, wie sie vor der Ausführung des regelwidrigen Zuges bestanden hat. Die Partie wird alsdann unter Anwendung der Regel des Artikels 8 mit dem den regelwidrigen Zug ersetzenden Zug weitergespielt. Wenn die Stellung nicht wiederhergestellt werden kann, ist die Partie ungültig, und es muß eine neue Partie gespielt werden.

2. Wenn im Laufe einer Partie einer oder mehrere Steine verrückt und unrichtig wiederaufgestellt worden sind, muß die Stellung so wiederhergestellt werden, wie sie vor der Regelwidrigkeit bestanden hat; die Partie wird alsdann fortgesetzt. Wenn die Stellung nicht wiederhergestellt werden kann, ist die Partie ungültig, und es muß eine neue gespielt werden.

3. Wenn nach einem Partieabbruch die Stellung unrichtig wiederaufgebaut worden ist, muß sie so wiederhergestellt werden, wie sie beim Abbruch bestanden hat; die Partie wird dann weitergespielt.

4. Wenn während der Partie festgestellt wird, daß die Anfangsaufstellung der Steine unrichtig war, ist die Partie ungültig, und es muß eine neue gespielt werden.

5. Wenn während der Partie festgestellt wird, daß die Lage des Schachbretts unrichtig ist, muß die erreichte Stellung auf ein richtig liegendes Schachbrett übertragen werden, und die Partie wird weitergespielt.

Bei der Europameisterschaft der Junioren 1972 in Groningen passierte es, daß Schwarz in einer Partie im 30. Zug rochierte und die Partie gewann, obwohl er zuvor schon zweimal mit dem König gezogen hatte. Erst viel später nach dem Ende der Partie wurde die Regelwidrigkeit entdeckt. Was hatte zu geschehen? In einem Lösewettbewerb der »Stuttgarter Zeitung« wurde diese Frage 1973 gestellt. Es kamen Antworten wie: »Der Spieler mit den schwarzen Steinen begeht eine Regelwidrigkeit, die nach den Turnierregeln zum Verlust der Partie führen muß« – »Spätestens drei Züge danach hätte moniert werden und dann vom 30. Zug an ohne Rochade weitergespielt werden müssen.«

In Artikel 9 der Spielregeln des Weltschachbundes heißt es, daß nach dem Ende der Partie nichts mehr geändert werden kann. Wenn nach der Partie eine Regelwidrigkeit entdeckt wird, bleibt das ohne Konsequenzen für die Partie. Schwarz bleibt also Sieger der Partie. Der Ausdruck »Im Laufe der Partie« bezieht sich nur auf den tatsächlichen zeitlichen Ablauf.

Art. 10. Das Schachbieten

1. Der König steht im Schach, wenn sein Feld von einem gegnerischen Stein bedroht wird; man sagt dann, dieser bietet dem König Schach.
2. Dem Schach muß im unmittelbar darauffolgenden Zuge begegnet werden. Wenn dem Schach nicht begegnet werden kann, dann nennt man dies »Matt«. (Siehe Art. 11,1.)
3. Ein Stein, der ein dem eigenen König gebotenes Schach unterbricht, kann dabei seinerseits dem gegnerischen König Schach bieten.

Art. 11. Die gewonnene Partie

1. Die Partie ist für denjenigen Spieler gewonnen, der den König des Gegners mattgesetzt hat.
2. Die Partie wird für denjenigen Spieler, dessen Gegner erklärt, daß er aufgibt, als gewonnen gerechnet.

Art. 12. Die unentschiedene Partie

Die Partie ist unentschieden:
1. wenn der König des am Zuge befindlichen Spielers nicht im Schach steht, dieser Spieler aber keinen Zug ausführen kann. Man sagt dann: Der König ist »patt«;
2. durch Übereinkunft der beiden Spieler;
3. auf Verlangen eines der Spieler, wenn die gleiche Stellung dreimal vorkommt, jeweils mit demselben Spieler am Zuge. Die Stellung wird als die gleiche angesehen,

Tafel V (rechts oben):
Weltmeisterin Nina Gaprindaschwili (SU) bei der Mannschaftsweltmeisterschaft der Damen 1966 in Oberhausen, mit Schwarz spielend. (Besser würde man Wettbewerbe dieser Art unter Spielerinnen mit Team-Meisterschaft bezeichnen, sie sind doch eine Frauenschaft!) Als Zuschauer und Turnierleiter der sowjetische Großmeister und Schachzar Alexander Kotow (links), 1952 Sieger des Interzonenturnieres. Berühmt wurde seine zweibändige Biografie „Das Schacherbe Aljechins".

(unten):
Andächtige Konzentration der Spieler und Zuschauer! Am Zuge mit Schwarz ist, wie der obenstehende Hebel an der Schachuhr zeigt, Argentiniens Großmeister Oscar Panno mit den schwarzen Steinen gegen Paul Keres. (Schacholympiade München, 1958.)

WELTMEISTERS
DAMEN

PANNO

Europa-Mannschaftsmeisterschaft 1961

Schachverband »Industriegebiet«

Partie Nr. ______ gespielt am 25-6-61 195__

Sowjetunion – Bundesrepublik

Weiß: Kortschnoj (UdSSR) Schwarz: Schuster

1	c4	e6	21	f4	Lc8
2	Sc3	d5	22	Lf3	Lb8
3	d4	c5	23	g3	Dd6
4	e3	Sf6	24	Kh1	Dh6
5	Sf3	Le7	25	Df2	Tg4
6	cd5:	ed5:	26	Tce1	Tdg8
7	Le2	0-0	27	Tg1	b6
8	0-0	Sc6	28	Sd3	Lb7
9	dc5:	Lc5:	29	Te7	Ld8
10	b3	Le6	30	De3	Ld6
11	Lb2	a6	31	Te8	Df6
12	Sa4	La7	32	Tge1	Lb7
13	Tc1	Dd6	33	Lh5	Lc8
14	Lf6:	gf6:	34	Tg8:+	Tg8
15	Sc3	Tad8	35	Se5	Le6
16	Dd2	De7	36	Tc1	Le5:
17	Sd4	Sd4:	37	de5:	Dc8
18	ed4:	f5	38	Dd4	b5
19	Sa4	Kh8	39	Lf7:	Lf7:
20	Sc5	Tg8	40	e6+	Tg7

Tafel VI (links):
Das moderne Partieformular stammt aus der Europa-Mannschaftsmeisterschaft 1961 in Oberhausen. Die Züge werden in der allgemein angewandten abgekürzten Notation aufgezeichnet. Es handelt sich um die Begegnung am 6. Brett zwischen der UdSSR und der BR Deutschland: Kortschnoj – Schuster.

Tafel VII (oben):
Das WM-Match Fischer-Spassky in Reykjavik 1972 hat Island mit Ersttagsbriefen und Briefmarken festgehalten. Als Absender zeichnet Hauptschiedsrichter Lothar Schmid.
(unten): Noch sind beide fröhlich und nicht mit der Bürde eines Schachweltmeisters belastet – Fischer und Tal in Zürich, 1959.

wenn Steine gleicher Art und gleicher Farbe auf den gleichen Feldern stehen und wenn die Möglichkeiten, diese Steine zu ziehen, gleichfalls dieselben sind.
Das Recht, ein Unentschieden zu beanspruchen, steht ausschließlich demjenigen Spieler zu, der
a) in der Lage ist, einen Zug zu machen, der zur nochmaligen Wiederholung der Stellung führt, vorausgesetzt, daß er im voraus seine Absicht erklärt, diesen Zug auszuführen;
b) auf einen Zug zu antworten hat, durch den die nochmals wiederholte Stellung zustande gekommen ist.
Wenn ein Spieler gezogen hat, ohne ein Unentschieden gemäß der vorstehenden Regel unter a) und b) beansprucht zu haben, verliert er das Recht, ein Unentschieden geltend zu machen; er erlangt indessen dieses Recht wieder, wenn die gleiche Stellung erneut mit demselben Spieler am Zuge vorkommt;

Tafel VIII (links oben):
Große Wand- und Demonstrationsbretter geben den Zuschauern ein Bild vom Verlauf aller Partien. Jugendliche Helfer schreiben die Züge der Meister mit und bedienen die Wandbretter; hier in Zürich, beim Internationalen Turnier, 1961.
(unten):
Jung und alt betätigt Körper und Geist, als Spieler oder kritischer Zuschauer, beim überall beliebten Rasen- oder Gartenschach. Es gibt heute kaum mehr eine größere Gemeinde ohne eine Freischachanlage; allein Stuttgart mit seinen vielen Grünanlagen verfügt über 20 solcher Spielplätze mit Rasenschachbrettern.

4. wenn ein am Zuge befindlicher Spieler nachweist, daß mindestens 50 Züge von beiden Seiten geschehen sind, ohne daß ein Stein geschlagen worden ist oder ein Bauer gezogen hat.
Ziffer 4 gewinnt Bedeutung in den schwierigeren Endspielen wie z. B. Dame + König gegen Turm + König oder König + Läufer + Springer gegen König. Das letzte Endspiel bereitet ungeübten Spielern Schwierigkeiten, aber es kann in 35 Zügen das Matt erreicht werden.
Die *Ergänzungsregeln für Turniere und Wettkämpfe* sind in Teil II der FIDE-Regeln enthalten.
In den Artikeln 13 bis 21 ist festgelegt, daß das Aufschreiben der Partien (Art. 13) in Turnieren Pflicht ist; der Gebrauch der Schachuhr (Art. 14). In Artikel 14 Ziffer 3 heißt es: »Zu dem für den Beginn der Partie festgesetzten Zeitpunkt wird die Uhr desjenigen Spielers in Gang gesetzt, der die weißen Steine hat. In der Folge stellt jeder Spieler nach Ausführung seines Zuges die eigene Uhr ab und setzt die des Gegners in Gang (das erfolgt automatisch).« Artikel 14, Ziffer 4, lautet: »Betreffs der Erledigung der vorgeschriebenen Zügezahl gilt der letzte Zug erst dann als ausgeführt, wenn der Spieler seine Uhr abgestellt hat.« In Artikel 15 wird der Abbruch der Partie, in Artikel 16 die Wiederaufnahme der Partie geregelt. Das Anbieten

von Remis regelt Artikel 17 a: »Ein Remisvorschlag gemäß Artikel 12, 2 kann von einem Spieler nur unmittelbar nach Ausführung seines Zuges gemacht werden. Er hat danach die Uhr seines Gegners in Gang zu setzen, der das Remis annehmen oder ablehnen kann, letzteres entweder mit Worten oder indem er einen Zug macht. In der Zwischenzeit kann der Spieler, der Remis vorgeschlagen hat, sein Angebot nicht zurückziehen.« Neu eingefügt wurde 1975 der Zusatz: a) Bietet ein Spieler Remis an, während die Uhr seines Gegners läuft, kann der Gegner das Unentschieden annehmen oder ablehnen; b) wenn ein Spieler Remis anbietet, während seine eigene Uhr läuft (und er noch keinen Zug ausgeführt hat), kann der Gegner das Angebot annehmen oder ablehnen, oder er kann seine Entscheidung verzögern, bis der Gegner einen Zug ausgeführt hat.
In beiden Situationen kann der Gegner das Angebot wörtlich oder durch seinen eigenen Zug bei der nächsten Gelegenheit ablehnen. In der Zeit zwischen dem Remisangebot und seiner Annahme oder Ablehnung kann der Spieler, der es unterbreitete, sein Angebot nicht zurückziehen.«
Die Bestimmung soll die Spieler vor undisziplinierten und fortwährenden Remisangeboten des Gegners schützen.
In Artikel 18 ist das Betragen der Spieler während einer Turnierpartie niedergelegt:
Absatz 1 a) »Es ist den Spielern verboten, während des Spiels sich geschriebener oder gedruckter Aufzeichnungen zu bedienen oder die Partie auf einem anderen Schachbrett zu analysieren; es ist gleichfalls verboten, zu Ratschlägen oder Warnungen Dritter seine Zuflucht zu nehmen, gleichgültig, ob diese dazu aufgefordert worden sind oder nicht.
b) Während des Spiels oder während einer Unterbrechung ist jedes Analysieren im Spielsaal untersagt.
c) Es ist verboten, den Gegner abzulenken oder zu stören, auf welche Weise auch immer.«
Absatz 2) »Zuwiderhandlungen gegen die in Absatz 1 aufgestellten Regeln können (vom Turnierleiter) Strafen bis zum Partieverlust nach sich ziehen.«
Kommentar: Es ist üblich geworden, daß bei Mannschaftskämpfen nach Unterbrechung bei der Zeitkontrolle (nach 4 bzw. 5 Stunden) im Turniersaal analysiert werden kann. Meist begibt sich eine der Parteien dann in einen anderen Raum. Allgemein üblich ist auf Turnieren die Konversation von Spielern untereinander, wenn sie gerade nicht am Zug sind und promenieren. Häufig sprechen dann Freunde untereinander über ihre oder über die Partien der anderen Teilnehmer. Solche Unterhaltungen sind

schon deswegen zweischneidig, weil sie 1. gegen die Regeln verstoßen (wenn über Schach gesprochen wird?), 2. weil eine gemachte Beobachtung ja auch falsch sein kann und 3. weil die eigene Konzentration durch eine Unterhaltung gestört wird.

Das algebraische System

Allgemeine Notation

Die Steine, mit Ausnahme der Bauern werden durch ihren Anfangsbuchstaben bezeichnet. Die Bauern werden nicht besonders bezeichnet.

Die acht Linien (von der ersten Reihe der weißen Steine ausgehend) werden mit den Buchstaben a – h bezeichnet. Die acht Reihen werden, ausgehend von der ersten Reihe der weißen Steine, von 1 bis 8 numeriert. (In der Anfangsstellung befinden sich also die weißen Steine auf den Reihen 1 und 2 und die schwarzen Steine auf den Reihen 7 und 8.) Jedes Feld ist demnach unveränderlich durch die Kombination eines Buchstaben und einer Zahl bestimmt.

Dem Anfangsbuchstaben des Steines (mit Ausnahme des Bauern) fügt man das Ausgangsfeld und das Bestimmungsfeld hinzu. Bei abgekürzter Notation wird das Ausgangsfeld weggelassen.

Beispiele: Lc8—g4 heißt, der schwarze Damenläufer wird vom Feld c8 auf das Feld g4 gezogen. Kurznotation: Lg4.

Der Bauernzug c2—c4 bedeutet: der auf dem Feld c2 stehende Bauer geht um zwei Schritte auf das Feld c4. Kurznotation: c4.

Es kommt vor, daß zwei gleichartige Figuren, z. B. zwei Springer, auf dasselbe Feld gezogen werden können. In diesem Fall muß die Notation näher vervollständigt werden. Ein Eröffnungsbeispiel:

1.e4 c6 2.d4 d5 3.Sc3 de4: 4.Se4: Sd7 5. Lc4 Sgf6

Von den zwei Springern, die nach f6 ziehen können, zieht der vom Feld g8 kommende dorthin. Weiter: 6.Sg5 e6 7. De2 Sb6 8. Ld3 h6. Ein Fehler wäre hier übrigens 8....Dd4:? wegen 9.S1f3 Lb4+ 10. c3 Lc3:+ 11.Kf1 und gewinnt eine Figur, oder 9....Dd8 10.Se5 nebst Sgf7: gewinnt.

9.S5f3

Man beachte, daß die Bezeichnung 9.Sgf3 falsch wäre, weil ja beide Springer von »g« kommen, sowohl der auf g5 als auch der auf g1.

9....c5 10.dc5: Lc5: 11.Se5 Sbd7. Nicht eindeutig wäre die Angabe 11....S6d7, weil beide schwarzen Springer auf »6« stehen und nach d7 ziehen können.

12.Sgf3

Damit sind wir am Ende unserer ›Springerreisen‹ angekommen! Die Eröffnungszüge stammen aus der Partie der Großmeister *Mekking – Hort* vom Turnier aus Las Palmas 1975.

Bitte beachten Sie
die folgenden Seiten

Juri Awerbach

Erfolg im Endspiel

Ullstein Buch 34802

Ullstein Sachbuch

Die Bedeutung des Endspiels wird von Anfängern häufig unterschätzt. Der sowjetische Großmeister, dessen Werke über das Endspiel weltweit anerkannt sind, zeigt, wie man sich ohne große Vorkenntnisse die richtige Behandlung von Endspielen aneignen kann. Im ersten Teil erläutert Awerbach auf leicht verständliche Weise Grundbegriffe und elementare Endspiele. Der zweite Teil bietet einen systematischen Kurs der verschiedenen Endspielarten.

Emil Gelenczei

200 Eröffnungsfallen

Ullstein Buch 34803

Ullstein Sachbuch

Zuversichtlich beginnt man eine Partie und hat unversehens verloren, bevor der Kampf richtig begonnen hat. Nur weil man die Eröffnungsfalle nicht erkannt hat. Dagegen gibt es nur eins: Man muß die wichtigsten den Eröffnungsfallen zugrundeliegenden Ideen kennen. Diese Kenntnisse zu vermitteln, ist das Anliegen des Autors, der die interessantesten Kurzpartien aus Vergangenheit und Gegenwart gesammelt hat: 200 Beispiele mit eleganten Wendungen und verblüffenden Pointen.